Provocações Corporativas

Heródoto Barbeiro

Provocações Corporativas

Como o conhecimento de mundo pode gerar boas soluções corporativas

ALTA BOOKS
EDITORA

Rio de Janeiro, 2015

Provocações Corporativas - Como o conhecimento de mundo pode gerar boas soluções corporativas

Copyright © 2015 da Starlin Alta Editora e Consultoria Eireli. ISBN: 978-85-7608-905-6

Todos os direitos reservados e protegidos por Lei. Nenhuma parte deste livro, sem autorização prévia por escrito da editora, poderá ser reproduzida ou transmitida.

A editora não se responsabiliza pelo conteúdo do texto, formulado exclusivamente pelo autor.

Erratas e arquivos de apoio: No site da editora relatamos, com a devida correção, qualquer erro encontrado em nossos livros, bem como disponibilizamos arquivos de apoio se aplicável ao livro. Acesse o site www.altabooks.com.br e procure pelo título do livro desejado para ter acesso às erratas e/ou arquivos de apoio.

Marcas Registradas: Todos os termos mencionados e reconhecidos como Marca Registrada e/ou Comercial são de responsabilidade de seus proprietários. A Editora informa não estar associada a nenhum produto e/ou fornecedor apresentado no livro.

Impresso no Brasil — 1ª Edição, 2015

Produção Editorial Editora Alta Books **Gerência Editorial** Anderson Vieira **Produtor Editorial** Thiê Alves	**Supervisão e Qualidade Editorial** Angel Cabeza Sergio de Souza	**Design Editorial** Aurélio Corrêa	**Captação e Contratação de Obras Nacionais** J. A. Rugeri Marco Pace autoria@altabooks.com.br **Marketing e Promoção** Hannah Carriello marketing@altabooks.com.br	**Vendas Atacado e Varejo** Daniele Fonseca Viviane Paiva comercial@altabooks.com.br **Ouvidoria** ouvidoria@altabooks.com.br
Equipe Editorial	Carolina Giannini Claudia Braga Gabriel Ferreira Jessica Carvalho	Juliana Oliveira Letícia de Souza Mayara Coelho Mayara Soares	Milena Lepsch Rômulo Lentini Thiê Alves Silas Amaro	
Revisão Gramatical Carlos Bacci Júnior	**Diagramação** Ana Lucia S. Quaresma	**Layout** Aurélio Corrêa	**Capas** Angel Cabeza	

Dados Internacionais de Catalogação na Publicação (CIP)

B233p Barbeiro, Heródoto.
    Provocações corporativas : como o conhecimento de mundo pode gerar boas soluções corporativas / Heródoto Barbeiro. – Rio de Janeiro, RJ : Alta Books, 2015.
    320 p. : il. ; 21 cm.

    Inclui bibliografia e índice.
    ISBN 978-85-7608-905-6

    1. Administração de empresas - Solução de problemas. 2. Liderança. 3. Conhecimento e aprendizagem. 4. Política. 5. Economia. 6. História. I. Título.

                                    CDU 658:316.46
                                    CDD 658.4

Índice para catálogo sistemático:
1. Administração de empresas : Solução de problemas   658:316.46

(Bibliotecária responsável: Sabrina Leal Araujo – CRB 10/1507)

Rua Viúva Cláudio, 291 — Bairro Industrial do Jacaré
CEP: 20970-031 — Rio de Janeiro
Tels.: 21 3278-8069/8419 Fax: 21 3277-1253
www.altabooks.com.br — e-mail: altabooks@altabooks.com.br
www.facebook.com/altabooks — www.twitter.com/alta_books

Agradecimentos

Agradeço aos voluntários que fazem trabalho social na SAT — Sociedade Ambiental de Taiaçupeba, especialmente ao presidente Aparecido do Ó, pelo exemplo de desprendimento e comprometimento cidadão.

Sobre o autor

Heródoto Barbeiro é âncora do Jornal da Record News e editor do Blog do Barbeiro no R7. Ele é ex-âncora do Roda Viva, da TV Cultura, e do Jornal da CBN.

Sumário

Prefácio xi
Apresentação xvii
Como Tudo Começou 3

Provocações

Primeiras Provocações 15
Segundas Provocações 39
Terceiras Provocações 65
Quartas Provocações 87
Quintas Provocações 117
Sextas Provocações 145
Sétimas Provocações 163
Oitavas Provocações 193
Nonas Provocações 227
Décimas Provocações 255

Bibliografia 291
Índice 295

Prefácio

Originalidades Revisitadas

> "La vita non è brutta né bela,
> ma è originale!"
> **(Italo Svevo,** A Consciência de Zeno)
> A vida não é nem feia, nem bonita,
> mas é original!

Desde que li essa instigante frase de Italo Svevo em sua obra-prima de 1923, fiquei impactado pelo realismo nela contido; quem a leu (e vale muito fazê-lo ainda hoje) lembra que conta a história romanceada de um já idoso empresário (bastante poderoso) que resolve refletir sobre perdas e ganhos de sua vida (quase um balanço, como se diz no mundo corporativo) no consultório de um psicanalista.

Esse empresário, nascido em Trieste, tal como o italiano Svevo em 1861 (na época — como nos ensinaria bem Heródoto Barbeiro, por ser especial professor de História —, uma parte da Áustria-Hungria), ao garimpar suas memórias, expõe os rarefeitos limites entre sanidade e demência, e, especialmente, sucesso e fracasso.

Nestas *Provocações Corporativas,* Heródoto, aproveitando a expertise acumulada como âncora, comentarista e debatedor de afamados programas no rádio e na televisão, recolhe uma ótima invenção, antes registradas no seu *Blog do Barbeiro*: uma dezena de fictícias (e realistas) reuniões de cinco gestores e gestoras de uma grande empresa (fictícios também eles, mas imersos na realidade) que decidem se encontrar de modo programado para, como diria Paulo Freire, fazer a "leitura do mundo".

Leitura do mundo! Conhecer o que nos envolve, seja na própria nação, seja na trilha internacional; saber melhor sobre política, economia, história, arte, literatura etc, de modo a compreender (e agir!) com maior nitidez no interior das nossas tarefas cotidianas que o "Mundo das Corporações" exige. Leitura do mundo! Abrir a cabeça para aquilo que, no campo mais geral, determina, define, afeta, constrange e favorece nossas ações no campo mais restrito da nossa vida, inclusive na face profissional.

Heródoto Barbeiro nos apresenta um escorreito texto, com a sequência dessas dez reuniões por ele mesmo mediadas. Isso mesmo! Embora imaginados os personagens e os diálogos e debates entre eles, nosso Heródoto é assumidamente quem faz a mediação (tal como acontece no dia a dia dele na seara jornalística), coloca questões, introduz as temáticas, recusa superficialidades e meras opiniões epidérmicas, conecta raciocínios, impede lacunas distraídas e, claro, provoca, e muito!

Sabemos que esse modo de exposição de ideias encontra guarida e inspiração naquilo que os gregos antigos chamavam de *sumpósion*, no sentido de "beber junto", gerando entre nós o termo "simpósio" como sinônimo de "juntar-se para conversar", às vezes com bebida, outras não.

PREFÁCIO

Platão (e também Xenofonte) tem livro com o título *O Banquete* (tradução do latim *Symposium*); no diálogo platônico há uma conversa rigorosa com a presença de Sócrates (o mais decisivo participante) sobre o tema da existência e definição de *Eros* (um dos sentidos do Amor).

Sabemos que Heródoto não quis colocar-se no altar, e menos ainda no amor platônico, meramente contemplativo; contudo, o efeito dos diálogos deste livro é assemelhado: as provocações presentes nas reuniões nos desafiam, nos perturbam, nos acalmam, nos inquietam e, acima de tudo, nos fazem pensar bem.

Afinal, pensar bem nos faz bem.

Mario Sergio Cortella
Filósofo, escritor, educador, palestrante e professor universitário brasileiro

Apresentação

Trabalhando com aconselhamento de executivos em transição de carreira nos últimos 30 anos, tenho notado um empobrecimento da cultura geral. Cursos de graduação e MBA enfatizam o conhecimento instrumental da gestão e pouco preparam para a compreensão das inter-relações entre a economia, a política e a cidadania.

O livro *Provocações Corporativas*, elaborado pelo jornalista, professor e historiador Heródoto Barbeiro, valendo-se de um expediente usual nas organizações, as reuniões, fornece temas estimulantes para a reflexão e o insight que ajudam a entender o cenário onde as organizações atuam e de onde recebem e fornecem influências advindas de sua atuação como produtoras de bens e prestadoras de serviço. Organizado como um programa de dez sessões de discussão, cada encontro reúne cinco executivos e aborda várias questões entremeadas de política, educação, usos e costumes, cultura, cidadania, economia e gestão empresarial.

A contribuição do livro reside na variedade e atualidade dos temas e episódios trazidos à baila pelo arguto, perspicaz e instigador jornalista Heródoto Barbeiro. Mesmo não sendo do ramo da administração, o autor adquiriu conhecimentos amplos e profundos da vida das empresas e de seus dirigentes por intermédio de entrevistas, mediações de debates em congressos empresariais e palestras para e sobre o mundo corporativo.

Mais que um livro, este texto poderá ser utilizado como um programa de desenvolvimento dos líderes e dirigentes de nossas empresas. O roteiro para as sessões está pronto, é só utilizar.

O programa bem que poderia ser intitulado: "História Geral para quem faz a história atual".

Boa leitura e boas descobertas.

José Augusto Minarelli
Presidente Lens & Minarelli Associados S/C Ltda.
Consultoria de Outplacement e Aconselhamento de Carreira

Como Tudo Começou

Meu contato com o mundo corporativo se deu por dois caminhos. Um teórico e outro prático. Durante cinco anos fui o apresentador do programa *Mundo Corporativo*, na CBN, produzido por Paulo Rodolfo e Ernesto Promissão, hoje ancorado pelo excelente jornalista Milton Jung. Entrevistei aproximadamente 800 pessoas, entre professores, consultores, analistas, palestrantes e autores de livros sobre o tema. Isso forjou e sedimentou conceitos que me possibilitaram publicar vários livros na área. O lado prático foi minha participação em treinamentos de comunicação em muitas empresas de grande e pequeno porte. Entrevistar dezenas de gestores das mais diversas áreas corporativas deu-me a oportunidade de observar de perto o funcionamento de uma organização empresarial e conhecer suas linhas mestras de ação.

Os temas tratados nessas duas experiências complementares eram sempre técnicos. Muitos tinham conhecimento geral do que se passa na economia e política do país, mas nem todos estavam autorizados a falar em nome da marca. Para alguns, faltava um olhar mais amplo quanto ao meio em que atuavam. Daí nasceu a ideia de juntar alguns temas e apresentá-los em reuniões informais, nas quais se fala de tudo, menos de gestão, resultados, EBTIDA (sigla em inglês para um indicador financeiro amplamente utilizado nesse mercado e que se constitui no lucro antes da dedução de juros, impostos, depreciação e amortizações), tecnologia, processo de seleção, desenvolvimento e métodos etc.

As reuniões e os personagens apresentados neste livro são fictícios. Um grupo de diretores e gerentes de uma grande corporação chegaram à conclusão de que para conhecer melhor o ambiente organizacional, desenvolver liderança, avaliar seus colaboradores e conciliar a vida pessoal com a profissional precisam saber o que se passa no Brasil e no mundo. Para isso, agendaram dez reuniões nas quais cada um dos integrantes trará alguns assuntos de conhecimentos gerais para serem discutidos entre todos. A ideia é deixar de lado suas expertises corporativas, dialogar e comentar livremente os temas propostos.

Personagens:

Téo: Diretor comercial;

Irany: Gerente de logística;

Ari: Diretor de serviços médicos;

Wal: Gerente de comunicação e

Lia: Gerente de saúde bucal.

Só dispondo de boa bagagem em conhecimentos gerais é possível avistar para onde caminha a sociedade e como se comporta o sistema econômico. O capitalismo, sistema onde todos atuam, tem suas próprias regras e seu equilíbrio é instável. Para mudar seu rumo é preciso conhecimento e apoio político da sociedade. O capitalismo é um sistema que requer constante expansão, pois do contrário mergulha em crise. Há inúmeros exemplos na história que corroboram essa condição intrínseca, como a expansão marítima dos séculos XVI e XVII e o desenvolvimento do industrialismo no século seguinte. O que era impossível em um determinado momento, passa a ser possível em outro. Por exemplo, corrida espacial, pesquisas científicas ou desenvolvimento de novos produtos no espaço, fora da gravidade da Terra, eram acessíveis apenas para quem dispusesse de recursos para grandes investimentos. Os lançamentos de satélites, estações orbitais ou naves tripuladas só podiam ser viabilizados com o suporte de grandes somas, geralmente públicas. O Estado era o impulsionador da conquista do espaço. De tão caros, os equipamentos só podiam ser suportados por empresas multinacionais. Em determinado momento, a corrida espacial se confundiu com a guerra fria, transformando-se em uma competição entre americanos e soviéticos. O lançamento do satélite Sputnik em 1957, o voo de Yuri Gagarin e a chegada do homem à lua são os exemplos mais evidentes.

Atualmente, até mesmo microempresas podem enviar artefatos ao espaço. Quem diria... Uma safra de novas empresas, as startups, são responsáveis pelo lançamento de mil satélites ora circulando em órbitas próximas da Terra. Alguns têm cerca de 10 centímetros cúbicos. São microssatélites fabricados por microempresas. Algo impensável há dez anos. Contudo, esse é um fenômeno que se insere na lógica do sistema capitalista, que sob pena de entrar em crise tem que estar sempre em expansão. Agora, a nova fronteira é o espaço. Aqueles diminutos objetos voadores, conhecidos como nanossatélites, pesam poucos quilos e são lançados por pequenas empresas de foguetes. Universidades também constroem seus próprios minissatélites, financiados por doações através da internet, o crowdfunding. O empreendedorismo está também no espaço. Os críticos do capitalismo constataram que havia no século XX uma tendência para a fusão de grandes conglomerados monopolistas que, dominando o mercado, impunham ao mesmo tempo um aumento da mais-valia e uma alta de preços dos produtos. As startups derrubaram essa tese. Segundo a revista *The Economist*, nos próximos cinco anos outros mil microssatélites vão ser lançados por microempresas. É provável que, à medida em que elas cresçam, sejam compradas por conglomerados ou se tornem um deles. Há, portanto, uma volta da tendência de aglutinamento. Essas iniciativas empreendedoras são possíveis graças à nanotecnologia, que permitiu uma diminuição drástica de peso e volume, e aos equipamentos baratos usados nos atuais smartphones. Um nanossatélite custa hoje 25 dólares, embora, por estar em órbita baixa, dure pouco. Mas por esse preço...

O conhecimento geral não se limita ao horizonte da economia, em que atuam as corporações, mas estende-se ao ambiente humano, do qual emergem os líderes, chefes e gestores. As empresas atuam também no ambiente da psicologia e da política.

Em uma das sessões de uma CPI no Congresso o depoente não se contradisse, pelo contrário, afirmou, reafirmou e confirmou várias vezes as mesmas coisas. Em nenhum momento demonstrou que tinha qualquer dúvida sobre o que dizia, nem caiu em contradição nenhuma vez, ainda que os parlamentares insistissem em suas perguntas instigantes. Soube-se, depois, que ele havia feito um media training para "alinhar" as respostas. Alinhar com quem? Isso nunca se ficou sabendo. O fato é que em momentos de tensão assim se conclui que o homem mente mais para si mesmo do que para os outros. Essa é a melhor e mais eficaz fórmula já descoberta para enganar os demais. E como funciona! Uma das técnicas é exagerar o sentimento de autoconfiança. Pavonear-se, caso seja possível, e exibir coragem e conhecimento mesmo que não os tenha. O que vale é a impressão que deixa na plateia.

Há diversas outras situações em que o mentiroso pode e precisa convencer. Uma delas é no debate político transmitido para milhões de pessoas pela imagem da tevê ou internet. Para chegar ao auge da eficácia precisa estar convicto de que a verdade reside no convencimento do público, de suas razões e soluções para os grandes problemas da sociedade. Para isso, é preciso um treinamento capaz de, com astúcia, fazer com que a impostura e a mentira se mostrem sublimes ao ocupar o lugar da verdade. Um bom treino ajuda muito, mas alguns têm muito mais facilidade do que outros. Desde jovens, praticam de modo espontâneo e recorrente, e quando chegam à maturidade são uns craques. Assim, mentem mais para si mesmos do que para os outros. Sabem que mentir para si próprio é a melhor maneira de conseguir enganar os outros. Há inúmeros exemplos na história. Os melhores mercadores de ilusão são os psicopatas, os mitômanos. Não se contentam em inventar mentiras, acreditam fielmente nelas e, com isso, se tornam extremamente convincentes, capazes de enganar uma multidão se sua mensagem usar o veículo adequado, que hoje em dia é o eletrônico. O autoengano tem dupla consequência. De um lado, funciona como um mecanismo de autodefesa, como, por exemplo, em um debate político na televisão. Para sobreviver em uma disputa eleitoral as mentiras reconfortam como um narcótico e ajudam a derrotar o oponente. Não importa o que afirmam, o que importa é no que acreditam. É o escudo com o qual muitos políticos sobreviveram. Há inúmeros e emblemáticos exemplos na vida política nos últimos anos. De outro lado, o autoengano tem uma função estratégica: Como posso errar se acredito na mentira que falo? Desde a antiguidade se desenvolvem técnicas para derrotar o adversário, seja um oponente político, seja o público a quem cabe decidir em quem vai votar. O auge do sucesso é vencer sem combater, bastando enganar o inimigo como tantas vezes se viu na história.

Voltando às reuniões fictícias que elaboramos, uma boa parte do que os personagens discutem são questões do cotidiano, da cidadania, da condução do país e do ambiente social em que sua empresa atua. É fundamental, portanto, que estejam atentos às mudanças, não só corporativas, mas também políticas, sociais e ambientais, bem como às percepções que têm da marca que gerenciam. Para isso é preciso lançar mão da História. Por exemplo: o durão da unificação alemã, Otto von Bismarck, em um momento de ternura, disse que a política não é uma ciência exata. Tal como o jornalismo, é ciência humana. A matemática, a física, a biologia e outras disciplinas são da área das ciências exatas. Nestas, os resultados de experiências efetuadas em laboratórios serão sempre os mesmos. Assim, é possível replicar as experiências que Louis Pasteur fez no século XIX. Já no caso das ciências humanas isso não é factível. Por exemplo, a história não se repete, como replicar a invasão de Napoleão Bonaparte na Rússia? Esses dois países existem, basta arrumar um ator, milhares de figurantes, cavalos, canhões. Vale para uma superprodução cinematográfica, mas não para se pesquisar porque Napoleão decidiu invadir a Rússia, quais as condições políticas, econômicas ou sociais que motivaram o conflito.

A política transita na área de Humanidades e, em razão disso, carrega uma dose de subjetividade. Os analistas políticos precisam formar opinião a respeito dos fatos. Se não se convencem, não emitem opinião. Por isso, se armam de pesquisas de campo, entrevistam pessoas, cruzam informações, buscam dados estatísticos e releem livros de história em busca de subsídios que apoiem suas premissas. Até consultam o Google. Nem sempre esses elementos se convertem em conclusões. Muitas coisas se perdem pelo meio do caminho, ou simplesmente são abandonadas porque não se sustentam. Errar nas análises ou criar esquemas teóricos que não condizem com a realidade pesquisada são acontecimentos frequentes, e nem por isso seus autores são execrados ou banidos. O que vale é a honestidade intelectual, acertar ou errar no diagnóstico faz parte do trabalho dos cientistas políticos.

As pesquisas eleitorais ajudam muito a avaliar os prováveis vencedores de eleições. São dados estatísticos, logo, pertencem ao campo das ciências exatas. Assim, poderiam ser repetidos, como uma foto do momento pesquisado, e o resultado seria sempre exato. Contudo, nem sempre é o que acontece de fato. Há fatores psicológicos e socioculturais que muitas vezes não são captados pelos institutos de pesquisa. O caso mais célebre, publicado na primeira página dos jornais, é o furo dado pelo Gallup dando vitória para Dewey quando o vencedor foi Truman. Isso também já ocorreu no Brasil. Os institutos não levavam em consideração um jovem político de São Paulo, Jânio Quadros, e ele venceu. Anos depois os cientistas políticos atestaram que um tal de caçador de marajás de Alagoas não tinha a menor chance, afinal, ele nem partido tinha. Collor se tornou presidente. Estamos na iminência de avaliar um terceiro fenômeno que pode derrubar mais uma dessas análises teóricas, o axioma que diz que campanha começa com a televisão e quem não dispõe de bom tempo no horário obrigatório eleitoral não tem a mínima chance. Marina Silva tinha menos de dois minutos na tevê.

O objetivo deste encontro, ou melhor, deste livro, é provocar reflexão no leitor, seja ele ou não um líder corporativo. Quero esclarecer que todos os textos apresentados foram publicados originalmente no *Blog do Barbeiro*, que sou eu.

Provo

Primeiras Provocações

Na qualidade de mediador, gostaria de iniciar esta primeira reunião com uma provocação: há no Brasil exemplos de cidadania proporcionados pelas autoridades públicas? Quando os heróis não se impõem por si mesmos, precisam ser criados. Em algumas nações há uma profusão deles, criados ou não. Recém-proclamada, a jovem república brasileira também precisava dos seus. Pelo menos, de um. Bem que os militares que a proclamaram gostariam de escolhê-los na Guerra do Paraguai, episódio do qual o exército emergiu como uma força política. A encrenca é que todos eram monarquistas, entre eles o Duque de Caxias ou mesmo o Marechal Deodoro, o responsável pelo golpe que derrubou o império. Por isso foi necessário voltar ao final do século XVIII. De lá foi resgatada a figura do Tiradentes, que era quase um militar, alferes, e moldava-se ao figurino requerido. Décio Villares caprichou no rosto, no olhar, na veste branca e na coragem de enfrentar o carrasco. Daí o quadro foi para os livros didáticos. Pedro Américo, outro pintor também monarquista, retratou o herói esquartejado no cadafalso, ao lado de um crucifixo sobrepondo-se ao casario. Qualquer semelhança com Cristo não foi mera coincidência, ainda que tenham sido executados de forma diversa.

    A principal característica de Joaquim José era a coragem. A mesma inconfidência forneceu a antítese. O traidor. O dedo--duro. O impatriota. O vendilhão. O abjeto, ou qualquer outro adjetivo correlato. A repugnância com o suspeito, julgado e condenado pela República, José Silvério dos Reis, ajudou a criar mais uma jabuticaba: ninguém denuncia. O estigma que se cristalizou é que quem aponta um erro ou denuncia uma situação, criminosa ou não, deve ser execrado. Nem mesmo a criação dos disque denúncia, que garantem o anonimato, anima as pessoas a fazer denúncias cidadãs que possam ajudar a sociedade como um todo. O traidor deve ser aniquilado, por isso, as pessoas têm medo de colaborar com as autoridades. "Não é problema meu", esquiva-se parte da sociedade. Não vi, não conheço, não estava lá. E por aí vai.

A palavra não vale nada. Os réus podem mentir à vontade. Ninguém é obrigado a gerar provas contra si mesmo, diz a lei. Mentir em julgamento raramente resulta em qualquer pena. Isso vale também para a justiça do trabalho quando se briga por direitos, devidos ou não. Todos são obrigados, constantemente, a provar que não estão mentindo. Precisam provar uma série de coisas: que são eles mesmos, moram em seus atuais endereços, possuem o que declaram no imposto de renda, são idôneos, têm filhos, são arrimos de família, estão adimplentes, têm conta bancária, e seus pais são quem diz que são. E muito mais. Há até o reconhecimento de firma, com selo e tudo. Então, por que arriscar em empenhar sua palavra informando à polícia que um crime foi cometido ou que um bandido está escondido em um bairro próximo? Ou procurar a prefeitura denunciando a devastação de uma área de conservação ambiental, ou o sistemático atraso dos ônibus? Ninguém quer ser confundido com o execrável Silvério dos Reis. É mais cômodo.

Téo: Lembro-me de um fato que pode servir de exemplo a presidentes de qualquer país. Um coronel solicitou uma licença a seus superiores. Sua mulher tinha morrido em uma travessia marítima. Seus filhos estavam desorientados e ele precisava ir para casa. Um a um, os comandantes negaram a licença, apesar de motivos tão importantes e dolorosos. Exauridas as possibilidades no exército, restou ao coronel uma última tentativa. Descobriu que o Presidente da República estava hospedado em um hotel nas vizinhanças. Chegou à tarde e entrou na fila. Depois de várias horas, já noite, finalmente o presidente o atendeu. O coronel repetiu sua história. O presidente, nervoso, não concedeu a licença e ainda por cima disse, asperamente, que tinha passado um dia atribulado, cheio de grandes problemas e ele vinha com um pedido desses. No dia seguinte, no acampamento militar, antes do toque da alvorada, o presidente bateu na tenda do coronel. Pediu-lhe desculpas. Resumiu tudo que tinha ouvido e considerou que o pedido dele era relevante, e de forma nenhuma poderia tê-lo tratado tão rudemente. Fez questão de chegar bem cedo, e disse que não tinha conseguido dormir ao avaliar a atitude que tivera, ainda que o país estivesse envolvido em uma guerra civil e todos precisassem estar em seus postos de comando. O coronel agradeceu ao presidente Abraham Lincoln, o comandante em chefe do exército na Guerra da Secessão. Lincoln não só reconheceu que estava errado como chegou bem cedo na tenda de campanha para falar com o coronel antes mesmo que ele se levantasse da cama. Um exemplo de humildade e reconhecimento de um erro cometido. Isso não diminuiu sua liderança, pelo contrário: agiu como todos esperavam que ele agisse. Não à toa, ele é homenageado com um memorial em Washington.

Wal: Li essa história, contada por Ken Blanchard e Margret McBride, como exemplo do que chamam de "desculpa minuto". Voltar atrás, reconhecer um erro, faz parte da gestão do Estado, da empresa e da vida pessoal de todos. Um pedido de desculpas não é uma forma de fugir da responsabilidade, ao contrário, é assumir o compromisso de mudar o que está errado e dar um novo rumo para a situação. Porém, como aquele homem de barba e cartola, é preciso ser rápido. Não procrastinar, como dizem os doutos do parlamento em Brasília. Uma vez constatado o engano, com ou sem dolo, é preciso corrigi-lo imediatamente, sem delongas ou novas desculpas. Quanto mais o tempo passa, maior o dano provocado, intencionalmente ou não. O exemplo de Lincoln é uma lição de vida. Pessoalmente, não me lembro de nenhum outro presidente, ou primeiro-ministro, ou chefão que tenha tido a humildade de Lincoln em assumir pessoalmente um erro, ainda mais com um subordinado. Deu mais um exemplo que transcende a própria guerra civil americana.

Lia: Contudo, outros tentaram usar o que puderam para justificar suas ações. É verdade que, há muito, o esporte deixou de ser uma moeda política para se tornar uma atividade econômica como outra qualquer. No século passado, as conquistas esportivas, especialmente as olímpicas, eram utilizadas como propaganda política pelos estados totalitários. Eram uma reafirmação da ideologia do novo homem, do novo mundo. Assim, os nazistas queriam transformar seus campeões em exemplos da raça superior, capaz de acumular medalhas e destinada a, um dia, erigir um império que duraria mil anos. No espectro oposto, soviéticos de várias nações cultivavam o esporte como forma de reafirmar a supremacia da sociedade dita sem classes e de economia planificada sobre o capitalismo decadente e burguês. Nada disso vingou. O império nazista se afogou nas barbaridades que cometeu, e o império soviético não resistiu ao apelos sensoriais da Coca-Cola e do McDonald's. O esporte saiu correndo para o abraço. Abraçou o capitalismo. As entidades mundiais que organizam as competições internacionais, disputadas no inverno ou no verão, em estádios ou piscinas, se converteram em empresas privadas, sujeitas à lógica capitalista de obter resultado. O que move as multidões não é mais a bandeira, os símbolos nacionais, as marchas aceleradas ou as saudações coordenadas. São os ídolos. Eles se tornaram celebridades geradoras de grandes movimentações de dinheiro, do qual uma pequena parte entra em seus bolsos. O suficiente para carrões, apartamentos de cobertura, *villas*, roupas exclusivas e tudo mais que o dinheiro pode comprar. Inclusive acompanhantes famosas. O que restou do nacionalismo de antigamente, além das cores da bandeira, foi um pequeno emblema na camiseta de competição. Atletas até mesmo mudam de nacionalidade para defender outros países. Não há mais a pátria de chuteiras, como disse o mestre Nelson Rodrigues.

Irany: Tenho visto que as corporações esportivas se unem às corporações econômicas e, juntas, planejam os eventos esportivos globais. Com o desenvolvimento da tecnologia da comunicação, não há um canto do planeta que não possa acompanhar um evento ao vivo e ser submetido a comerciais, marketing, slogans e símbolos, onipresentes ao longo de cada prova durante todo o evento. Portanto, definir qual país sediará uma Olimpíada ou uma Copa do Mundo de futebol ou de rugby é uma decisão estratégica. As primeiras perguntas são sobre quem vai bancar o evento, quanto os patrocinadores terão que investir e quem garante que os resultados serão compensadores e engordarão o balanço do final do ano. Essa é a lógica atual, boa ou má. Tudo gira em torno dos bilhões e de quem vai embolsá-los. Ainda sobrou como moeda política, a utilização da sede como propaganda da pujança nacional e do partido ou chefe de plantão. Muito pouco, se comparado com o passado, mas ainda, sem dúvida, algo cobiçado por aqueles que querem usar o esporte como plataforma para sua permanência no poder. Um arremate do velho *panem et circenses*.

Ari: Contudo, competição é o que não falta no mundo corporativo. Os que estão habituados ao clima organizacional de grandes empresas ou corporações sabem como é difícil progredir no quadro funcional. Há avaliações constantes, reuniões sobre resultados, planejamento, novas metodologias, e por aí vai. Para perder o cargo, ou mesmo o emprego, é um passo. Conta-se que quando assumiu a GE, Jack Welch reuniu todos os funcionários e lhes disse que se a empresa não voltasse à liderança todos estariam demitidos, inclusive ele. A GE voltou a dominar os mercados, mas consta que, todo ano, os 10% piores avaliados da equipe da força de vendas são dispensados. Por isso, em algumas empresas, há os que estão agarrados aos postos que conquistaram com unhas e dentes. Muitas vezes com mais dentes do que unhas. São os que chegam antes, saem depois, se assustam com qualquer cobrança, venha de onde vier, e se pudessem trabalhariam regularmente aos sábados, domingos e feriados. E não tirariam férias. Alguns fazem isso esporadicamente. Especialmente se o ramo de atividade sofre sempre o impacto de novidades, como ocorre, por exemplo, em empresas de aviação, comunicação, saúde e muitas outras. Qualquer coisa fora do normal, lá está o chefe do setor a postos, esperando um contato dos diretores da empresa. Os quais nem sempre dão as caras ou sequer um telefonema.

Téo: Lembro-me de um caso em que, com uma única canetada, um governador do estado pôs na rua 700 funcionários. Estavam espalhados nas mais diversas secretarias e departamentos. Todo mundo para o olho da rua. Foram mal avaliados? Não deram conta do recado? Atenderam mal os contribuintes, seus verdadeiros patrões? Faltaram ao serviço? Xingaram a mãe do homem? Não. Pertenciam a um partido político que não apoiaria Sua Excelência na tentativa de reeleição. Um ato imperdoável. Ora, sem 700 funcionários, e de quebra dois secretários, a máquina pública sofreria um baque, um desarranjo, como aconteceria em qualquer outra organização de grande porte. Nada aconteceu. Tudo continuou funcionando como antes, embora precariamente, diga-se. Não fizeram falta. Não lutaram para permanecer nos empregos, pois quando começaram estavam cientes das condições e, por isso, aproveitaram bem o período em que estiveram no governo, trabalhando para o dono do partido aquinhoado com os cargos. Apenas assumiram a direção de suas empresas pessoais ou, simplesmente, foram para a praia apreciar o Cristo Redentor.

Ari: Repito que os chefes na iniciativa privada não gostam de tirar férias. Empurram o máximo possível, e só saem quando o RH dá um ultimato. Assim mesmo, muitos deles, em casa ou na praia, acompanham os e-mails internos da empresa e deixam para o grupo de liderados o celular em que podem ser encontrados em qualquer momento. Muitos não veem a hora de voltar, de retomar fisicamente o controle de seu departamento. Ficam neuróticos e vivem para o emprego, não para o trabalho. Não podem permitir que sua ausência não seja notada. Algum chefe pode considerá-los dispensáveis. Já na outra ponta, funcionários públicos são demitidos e ninguém sente falta deles. Não davam duro. Eram apadrinhados políticos. Sugavam o que podiam, eram verdadeiros sanguessugas. Só lhes resta aproveitar o tempo sem emprego para se juntar ao candidato e ao partido e lutar para ganhar as eleições. Aí sim é que se trabalha muito. A vitória significa uma nova sinecura por mais de três anos, sem as cobranças ou avaliações típicas das empresas "exploradoras do proletariado".

Wal: Mas isto não quer dizer que os atuais chefes ajam como um Luís XIV. Os monarcas absolutistas de todas as origens, culturais e étnicas, dispunham de prisões onde jogavam seus desafetos. Tinham o poder de mandar prender uma pessoa e deixá-la apodrecer indefinidamente no cárcere ou até que fosse executada sob qualquer pretexto. Porém, graças à literatura, nenhuma ficou tão célebre como a prisão que serviu aos reis absolutistas da França: a Bastilha. Ganhou tal projeção que sua invasão pela população, em 1789, passou a significar o início da Revolução Francesa. Mais do que uma masmorra, era o símbolo do absolutismo monárquico e, por isso, foi posta abaixo e incendiada. A simples menção de seu nome causava arrepios nos suspeitos. Sabiam que podiam entrar nela, mas não como sairiam: se em um caixão ou inutilizados permanentemente pela tortura. As prisões eram fétidas, escuras, muitas delas equipadas com grilhões, e voltadas exclusivamente à prática da tortura como forma de obter confissão, tivesse ou não o preso algo a confessar. Algumas eram destinadas a manter fora de circulação as pessoas indesejadas que pudessem, de alguma forma, criar dificuldades para o governante. Eram instrumentos de poder e de governo. O Estado, representado pelo déspota, não era responsável nem pelas condições físicas dos encarcerados nem por sua sobrevivência. Tudo dependia única e exclusivamente da vontade de um único homem. As histórias são inúmeras. Algumas dessas prisões eram porões de navios que comportavam homens livres e escravos de toda origem. Acabar com esse quadro dantesco passou a ser uma meta para o desenvolvimento da civilização, da democracia e do respeito aos direitos humanos. O fim da discricionariedade e o advento do habeas corpus foram etapas importantes para a extinção desse instrumento de tortura.

Lia: É bom lembrar que, apesar das condições sub-humanas que os tiranos impunham aos presos, nos presídios de antigamente não havia o poder paralelo dos detentos, como hoje. Não se constituíam gangues que dominavam a cadeia através da força e da corrupção de chefes. O Estado não permitia tal coisa. Essa é uma invenção dos tempos atuais. Sob o olhar complacente do Estado, criou-se nas atuais penitenciárias uma burocracia criminosa, com líderes soberanos. São úteis, uma vez que mantêm a população carcerária sob controle. Ditam quem vai morrer ou ser mantido nas hostes da gangue. Detentos comuns sobrevivem obtendo drogas, conseguindo celulares para as celas, ou permitindo que mulheres de suas famílias sejam estupradas para satisfazer a sanha dos líderes. Desobediência é punida com asfixia, degola, ou em brigas simuladas no pátio ou outro ambiente coletivo. As prisões atuais são exemplos de que é possível adicionar mais terror e falta de humanidade onde se acreditava que nada pior pudesse ser inventado. No mundo da internet, do genoma, da globalização, dos tênis de marca, dos "rolezinhos" nos shoppings, a velha Bastilha parece um local de lazer.

Wal: Temos acompanhado no mundo corporativo que cada vez é mais importante um título universitário para se conseguir um bom emprego. Martinho da Vila compôs uma música na qual conta como entrou na faculdade. E recebeu o diploma que ele chama de canudo de papel. Uma aluna do curso de graduação em Administração em Santa Maria, no Rio Grande do Sul, não conseguiu as notas necessárias. Mesmo assim, queria participar de qualquer jeito da cerimônia de formatura. Como não conseguiu, entrou na justiça para participar de forma simbólica, uma vez que tinha sido reprovada. A desembargadora, Elisa Carpim Correa, foi direta na resposta: "Se quiser participar da alegria dos formandos que concluíram com êxito o curso, vá assistir a cerimônia da plateia". Sinceramente, a juíza demonstrou uma liderança extraordinária.

Irany: Por falar em liderança, quero lembrar que, recentemente, não se falou em outro líder no mundo. Todas as mídias, novas ou velhas, impressas ou de internet, dedicaram amplo espaço a ele. Esteve nos editoriais dos mais respeitados veículos de comunicação do mundo. Em inglês, chinês, africânder, português, espanhol ou em urdu. Todos os homens de boa vontade reverenciaram Nelson Mandela. Muito mais do que um político, um estadista. Seu principal exemplo é a conduta moral. Inspira homens e mulheres de todas as cores, em todos os continentes. Graças à internet é possível saber que *uthisha*, na língua zulu, quer dizer professor. O zulu é uma das línguas nativas mais faladas na África do Sul, terra do Mandiba, o apelido de Nelson Mandela. Entre tantos elogios que recebeu em vida ou após a morte, nenhum foi mais abrangente do que o de professor. O Secretário-geral da ONU, Ban Ki-moon, representando todas as nações do planeta, chamou Mandela de professor. Ele ensinou a tolerância, a convivência com antigos adversários, o perdão aos inimigos, a não violência como caminho para construir uma sociedade mais igualitária, a forma humana de combater o racismo, um dos maiores desvios da civilização e da humanidade. Deu aulas durante boa parte de sua vida. Na cadeia, na rua, nos guetos negros, nos palácios, nas organizações internacionais. Em todo lugar que era possível. Não desistiu nunca de ser um *uthisha*. Era um sábio. Só a educação em todas as suas formas pode modificar a natureza humana e a sociedade. Razão, ética, moral, confiança, respeito, compaixão. Para ensinar tudo isso não precisou de livros, nem de sala de aula, lousa ou computador. Usava como material didático a boa fé, a crença de que os seres humanos podem mudar para melhor se entenderem sua missão neste planeta. Sorrisos, abraços e serenidade eram sua didática.

Ari: A humanidade ganhou mais um mestre. Certamente está ao lado de Gandhi no panteão da paz. Seu exemplo mostra que qualquer pessoa pode ser um professor. Todos podem ensinar alguma coisa para outra pessoa, não só no campo material, mas principalmente no campo moral. Não é preciso ser PhD em nada, nem ter estudo na USP ou em Harvard. É preciso ter boa vontade e disposição para compartilhar com outros o que sabe. Em algum momento do dia somos professores, no resto do tempo somos alunos. Estamos aprendendo com a intenção de espalhar o conhecimento e o respeito às pessoas, ao meio ambiente e ao planeta. Para isso não é necessário diploma. É preciso coragem, determinação e compromisso com ideais transversais de culturas e povos.

Wal: Verdadeiros professores sabem que cultura não é tudo. É preciso ser acompanhada de sabedoria. O melhor professor é o sábio, que não é o dono da verdade, fala com o coração e conquista a todos pela sua simplicidade e simpatia. O rosto e o sorriso de Mandela mostram isso. Um professor sereno que ensina a seu povo e à humanidade a arte de viver em paz. Um *mahatma*. Um homem de alma leve. O exemplo dele enaltece a figura do professor, especialmente aqueles que diariamente se propõem a ensinar pessoas, que optaram por uma profissão que vai além de ser remunerado por um trabalho digno. São homens e mulheres que saem de casa todos os dias com a missão de tornar as coisas melhores, construir um país, uma civilização, um mundo mais pacífico. Espalhados pelas grandes cidades, pequenas vilas, escolas de concreto ou de lata, se locomovendo em ônibus, trens, carros ou lombos de burro, são imprescindíveis.

Ari: Quero acrescentar que, quando se trata de um homem público, é necessário agir dentro da lei. Nenhuma constituição democrática durou tanto quanto a atual. O que é bom. A primeira Constituição, de 1824, era na prática uma carta outorgada, ou seja, o poder constituinte teve que se submeter ao poder absoluto do imperador. Por isso não vingou a primeira tentativa de elaborar uma Carta Magna em 1823. O parlamento foi fechado por D. Pedro em um episódio conhecido como Noite da Agonia. Os deputados resistiram enquanto puderam no prédio onde se realizava a Assembleia Constituinte e foram dispersados a força. A Constituição de 1824 sofreu a reforma republicana, no período regencial que durou dois ou três anos. Foi substituída pela Constituição Republicana de 1891, que vigeu até 1930. Em 1934 e 1937, tivemos dois documentos da ditadura Vargas. Em 1946, se redigiu uma constituição democrática que esteve em vigor, na prática, até 1964. A ditadura militar emitiu os documentos de 1967 e 1969. A democracia voltou com a atual Constituição de 1988. Tudo isso era uma chatice que se aprendia nas aulas de história do Brasil, e não se dava muita atenção a elas, nem para se ter uma ideia melhor sobre em que um documento era diferente de outro. Muitas vezes, só para passar de ano, se decorava uma coisinha aqui, outra ali.

Irany: A propósito, pergunte em um supermercado quem já leu a Constituição. Pergunte em uma redação de jornalismo — sem provocar o Heródoto — quem já leu o artigo que garante a liberdade de expressão. Pergunte se os advogados... Enfim, a Carta é um documento para doutos juristas, profundos conhecedores do direito, estudiosos do direito constitucional comparativo, iluminados intérpretes de seu conteúdo, coroados constitucionalistas, titulados professores de direito e outros mestres, doutores, pós--doutores, etc. O fato é que o povo não tem acesso. É um mundo obscuro para a população em geral. Só alguns têm o alcance para entender para que serve a Constituição e como ela pode mexer e regular a vida de um cidadão comum. É uma seara para poucos iniciados. Não se sabe nem quais são os direitos fundamentais de um cidadão quando se defronta com o Estado, que faz o que bem entende, como se ele também não fosse regulado por ela. Não é preciso ir tão longe: basta assistir às reportagens nas delegacias de polícia mostradas na tevê no final da tarde.

Téo: Gostaria de não ser tão radical. É bom lembrar que há uma nova forma de qualquer um ter acesso à Constituição. Com internet nem é mais necessário comprar um "livrinho", basta abrir um site de buscas. Todos podem ter acesso à leitura da Constituição. E por que não o fazemos? Falta de tradição, hábito, cidadania, educação. Não somos acostumados a ler um ou outro artigo, discutir com clareza, aprender o que significa. Falta um engajamento de escolas, universidades, sociedades de amigos de bairros, organizações não governamentais, sindicatos, igrejas, clubes esportivos e sociais. Faltam professores formais e informais que ensinem os preceitos da Lei Maior. Alguém que tome um fato cotidiano e explique se ele viola ou não o documento. Para aprofundar o mundo das trevas na cabeça das pessoas, o Congresso aprova PECs velozmente. São os tais projetos de emenda constitucional, que alteram uma Constituição cujo teor a maioria não leu antes de ser alterada e não vai ler depois da alteração. Portanto, depois de 25 anos é preciso dar um salto qualitativo, engajar a sociedade no conhecimento do texto constitucional e no debate do que deve ser mantido ou mudado na

Constituição de 1988. Afinal, "todo o poder emana do povo, que o exerce por meio de representantes eleitos ou diretamente, nos termos desta Constituição".

Wal: No entanto, há procedência quando se diz que a justiça brasileira é lenta. Vocês se lembram que há uns dois ou três anos ocorria o acidente com o navio italiano Costa Concórdia. O comandante foi acusado de imprudência e respondeu a um processo que podia levá-lo a ficar 20 anos na cadeia. Vários oficiais do navio foram condenados a quase dois anos. Tudo muito rápido, e ninguém tentou jogar para debaixo do tapete um episódio que matou 32 pessoas. O acidente com o avião da TAM, em Congonhas, matou 199 pessoas. Ele ocorreu há mais de sete anos e até agora ninguém foi punido. Os julgamentos da diretora da ANAC, Denise Abreu, e do diretor da TAM, Marco Aurélio Miranda, se arrastam. É provável que depois de muito tempo o juiz finalmente dê uma sentença. Entretanto, ainda resta uma carrada de recursos e o resultado vai ficar para o dia de São Nunca. Cabe a pergunta: o que é tão diferente no direito italiano e no brasileiro? Fica para uma reflexão futura.

Lia: Fui surpreendida ao saber que em vez de cantar músicas natalinas em volta da árvore, um prefeito prometeu cantar sambas. A comemoração é do prefeito da cidade da Suécia, onde está a fábrica dos aviões de guerra comprados pelo Brasil. O comandante da FAB agradeceu à Dilma Rousseff, presidente na época, a compra dos aviões padrão FIFA. Deveria agradecer ao povo brasileiro que vai pagar a conta. Custaram quase dez bilhões de reais retirados dos impostos que todos pagam. O Brasil não tem inimigos. Não há nenhuma ameaça militar. Nem na fronteira nem no mar. Ninguém foi consultado, haja vista que a constituição garante o plebiscito, para saber se a coletividade quer armas ou escolas e hospitais.

Wal: Para debater assuntos tão sérios é necessário transparência dos que detêm o poder democrático. Devem se apresentar com uma postura permeável. Permeabilidade pode ser também chamada de honestidade intelectual. Impermeáveis são aqueles que se apresentam para o debate, ou para a produção jornalística, com ideias e preconcepções que não se curvam jamais a qualquer argumento lógico que encontram pela frente. Ser permeável não significa fraqueza de opinião, falta de convicção, mas ter o espírito aberto para ouvir o contraditório e até mesmo aceitar algumas mudanças em seus pensamentos originais. A linguagem sectária e inflamada é incompatível, por exemplo, com um jornalismo que busca incessantemente isenção, equilíbrio e ética. Certezas absolutas e inegociáveis são incompatíveis com o ideal de informar a sociedade.

Ari: Concordo que o debate na nova Ágora, a rede social, não pode viver da violência verbal ou ataques de hackers que inutilizam páginas na internet, invadem o conteúdo original ou escrevem o que querem sobre o que já está escrito e não respeitam os espaços existentes para o exercício do contraditório. O terreno ético e moral é sempre movediço e os jornalistas não podem descuidar dele. A organização dos jornalistas em tribos, torcidas, falanges ou o nome que tenham é o caminho mais curto para pisar na verdade e impedir que o diálogo prospere. A riqueza está na diversidade de opiniões sobre os mesmos temas e não em sua unicidade. Há inúmeros exemplos históricos onde a unicidade foi testada e resultou no fim da democracia e do direito à liberdade de expressão e perda de inumeráveis vidas humanas. Quem torce enreda-se na emoção, expulsa a razão, sufoca o bom senso, junta-se ao rebanho e corre no estouro da boiada. Atropelam o jornalismo.

Lia: Então, podemos concluir que entrincheirar-se atrás de posições fixas impede a permeabilidade. Luta-se uma guerra estática, na qual cada grupo impede o avanço das ideias do outro, sem querer saber se são ou não procedentes. Se podem ou não contribuir para a vitória da virtude nas reportagens jornalísticas. Não há dúvida de que todos, de um lado ou de outro, são influenciados pelo ambiente social em que vivem, mas, por outro lado, têm livre consciência para avaliar criticamente tais influências. Os jornalistas precisam ficar atentos, uma vez que os líderes, de lado a lado, são falíveis e contraditórios como todos os seres humanos, mesmo os mais respeitados como os citados Gandhi e Nelson Mandela.

Téo: Tenho exemplos de punição da vítima. Uma pessoa foi assaltada porque usava um relógio e um tênis de marca ao passear pelo shopping. Ao dar queixa na delegacia, o delegado disse que a culpa era dele e não do bandido, já que usava produtos caros. Um motorista teve seu carro amassado no estacionamento e procurou a justiça. O juiz disse que a culpa era dele porque não tinha usado o transporte público. Uma mulher foi estuprada e, ao denunciar o agressor, ouviu que a culpa era dela porque usava roupas curtas. Dessas três situações só a última é verdadeira. Uma pesquisa do IPEA aponta que 26% dizem que culpa de estupro é da mulher. Na opinião de vocês, a forma de evitar essa violência é obrigar a mulher a sair de casa de burca?

Irany: Nem pensar. Outro dia, fui dar uma olhada nas condições de trabalho de uma de nossas linhas de produção. Confesso que me lembrei de um tipo especial de trabalhadora. Algumas operárias são dotadas de utensílios especiais, quer se trate de serrar, cortar, despedaçar, perfurar ou triturar. Algumas se tornam soldados, são maiores e temíveis. Outras são elásticas, o que lhes permite saltar como pulgas e assim escapar do inimigo desconcertado. Elas possuem uma força muscular que é avaliada de oito a dez vezes maior do que a do homem. Têm uma saúde e vitalidade indestrutíveis. Decapitadas, continuam vivendo até o último instante e se mantêm sobre suas pernas. Sobem e descem por superfícies verticais com a mesma velocidade com que se movem no plano. Desconhecem epidemias e enfermidades. Não se sabe quando de fato estão mortas: depois de sete operárias ficarem debaixo d'água por oito dias, quatro voltaram à vida. Algumas delas conseguiram jejuar de 70 a 106 dias e não houve caso de canibalismo entre elas. Ao contrário: algumas delas, mortas de fome, ainda assim arrumavam uma gota de mel para a companheira. São exemplos de operárias solidárias.

Ari: Obviamente, você se refere a uma história de ficção. Que sociedade humana foi capaz de gerar essas verdadeiras amazonas?

Irany: Ela seria fruto de uma ficção do ganhador do Nobel de Literatura de 1917, Maurice Maeterlinck? Não, ele é o autor de *A vida das formigas — um universo misterioso*. Não há ficção. Ele observou e coletou informações sobre o mundo das formigas e relatou que algumas espécies são capazes de aumentar seu volume seis ou sete vezes alimentando-se com mel. Depois, penduram-se pelas patas dianteiras no teto do formigueiro e lá ficam mesmo após a morte. São as formigas-depósito. São verdadeiros odres vivos que alimentam as demais. Assim que sai da casca, a ninfa convertida em formiga, ainda titubeante sobre suas frágeis patas, cria e alimenta as larvas. Não para de trabalhar no ninho, limpa tudo, joga fora os detritos e ajuda na consolidação do formigueiro. Só sai de casa quando seus membros e couraça estiverem suficientemente fortes.

Wal: Bem, não dá para comparar com as operárias de uma fábrica moderna.

Irany: De fato, não dá para comparar, é apenas uma provocação, mesmo porque as formigas formam uma sociedade solidária e pacífica. As guerras entre formigueiros são raras. Mesmo quando uma rainha se encontra com outra no mesmo formigueiro, tratam-se solidariamente. Diferente das abelhas, que lutam até matar a rival. Guerras de enxames são comuns. O formigueiro é um reino proletário. As que se tornam soldados adquirem mandíbulas duas ou três vezes maiores, mais afiadas, mais temíveis que as normais. Uma espécie é capaz de saltar um metro e meio. Há as cobertas de espinho, e aquelas com bolsas para guardar as antenas. Outras são porteiras do ninho com suas cabeças monstruosas que funcionam como porta, como um tampão. São capazes de tomar a cor de um bambu ou da casca de uma árvore. As formigas vivem felizes porque existem em tudo que as rodeia e todas vivem nelas e para elas, como elas vivem em todas e para todas. Não pode ser uma sociedade humana. Ainda.

Ari: A propósito, na sociedade humana, diferentemente das formigas, é possível divergir através do voto. O voto deveria ser facultativo e não obrigatório, como é hoje. A opinião é do ministro Marco Aurélio Melo, ex-presidente do Tribunal Superior Eleitoral. Segundo o ministro, é preciso parar de tutelar o cidadão brasileiro. Ele é capaz de decidir as coisas por si mesmo e não precisa quem lhe diga o que fazer ou deixar de fazer. Para isso existe a lei. O voto deve ser entendido como um direito e não uma obrigação. Muitos políticos sabem que, se acabar o voto obrigatório, não conseguem mais se reeleger. Agora existem os currais eleitorais eletrônicos no rádio, tevê e internet.

HERÓDOTO: Ok, depois de toda essa informação sobre operárias formigas e voto facultativo, é melhor parar por aqui. Voltamos com outras provocações na próxima reunião. Obrigado a todos.

ações

Segundas Provocações

A segunda reunião do grupo se iniciou com um tema de atualidade e mexeu com os brios da jornalista Wal. Téo, Lia, Irany e Ari se comprometeram a trazer novas contribuições. Contudo, aproveitei para lembrar um fato que podia ajudar na conversa. Getúlio Vargas estava enfurnado em sua estância, em São Borja, de onde monitorava a política nacional. Fora recém--derrubado por um golpe de Estado, depois de 15 anos de governo, a maior parte dele ditatorial. Aparentemente, queria se isolar, ficar só, meditar e esperar uma morte tranquila com a consciência do dever cumprido. Entretanto, os jornalistas não o largavam. Arrumavam caronas em aviões ou iam balançando de trem por 500 quilômetros, desde Porto Alegre, para buscar uma palavra de um homem odiado por uns e amado por outros. A campanha para a Presidência da República corria a pleno galope. De um lado, o candidato germanófilo, conspirador e traidor Eurico Dutra, do PSD, responsável principal por sua deposição. De outro, o brigadeiro Eduardo Gomes, apoiado pela UDN e acusado de liderar um movimento de retrocesso em relação às conquistas sociais obtidas pelos trabalhadores durante o Estado Novo.

Vargas vivia enxovalhado pela imprensa. A maioria esmagadora da mídia se esforçava para mostrar sua verdadeira face: fascista, caudilho e demagogo. A mesma mídia que mandava jornalistas em São Borja para arrancar uma única frase do ex-ditador. Vários foram para lá. Suas declarações se transformavam em manchetes. O volume de pessoas na porta da fazenda Santos Reis aumentou tanto que quando disseram a Getúlio que mais um estranho havia chegado de avião, ele disse: "Se for jornalista, enforca". Tudo isso é contado de forma magistral pelo Lira Neto no terceiro volume de *Vargas*. Um grande paradoxo: os mesmos que atiravam lama na imagem do caudilho davam-lhe dimensão nacional. O brigadeiro era favorito sobre o general. O candidato comunista não tinha chance. O banquete da oposição estava pronto. No momento em que os convivas iam partir para o ataque, puxaram a toalha e tudo foi para o chão. Vargas apontou o dedo a favor do general e Dutra foi eleito democraticamente.

O amor e ódio entre governantes e jornalistas só não existe se houver uma caixinha entre eles. Ou se valer a máxima do grande ideólogo da Bahia, Antônio Carlos Magalhães, que dizia: "Não dê notícia para jornalista que quer dinheiro, nem dê dinheiro para jornalista que quer notícia". Os profissionais que reconhecem a importância social de sua profissão não aceitam afagos, empregos, benesses, propinas, nem convites para o final de semana. Podem, com autonomia, refletir sobre a definição de Millôr Fernandes de que jornalismo é oposição, o resto é armazém de secos e molhados. Governantes que não concordam com opiniões, reportagens ou interpretações partem para o contra-ataque. Uns pedem para o dono do veículo demitir os autores. Outros descobriram que a internet é uma metralhadora para fuzilá-los. Nada de mandar enforcar. É preferível inventar uma série de calúnias contra o jornalista e desmoralizá-lo. O embate sai do campo das ideias, das convicções e das certezas e cai no campo do ataque pessoal. Tática hoje muito mais eficiente com a terra de ninguém da internet.

Wal: Vou começar dizendo com convicção que Gabriel García Márquez deixou muitas lições. Por isso, foi considerado o maior escritor em língua espanhola depois de Miguel de Cervantes, o autor de Don Quixote. Um reconhecimento extraordinário. No entanto, foi para os jornalistas que Gabriel deu a maior contribuição. Foi o mentor de um núcleo que chamou de Novo Jornalismo e acolheu jovens de todo o mundo que quisessem se aprofundar na arte de transformar informação em notícia. Na literatura, com o livro *Crônica de uma morte Anunciada*, ele conta, na forma de uma reportagem, a história do assassinato de Santiago Nasar pelos irmãos Vicário. É um crime passional. Uma vingança em uma pequena vila. É uma verdadeira aula de como um fato banal em uma cidadezinha perdida pode se transformar em uma reportagem. O livro começa com aquilo que os jornalistas chamam de *lead*, ou seja, o fato mais importante de uma reportagem. Logo no início se fica sabendo que Santiago vai morrer e isso, em vez de desestimular o leitor a continuar lendo (afinal, ele conta o desfecho da história), prende-o até a última letra. É o contrário de Agatha Christie, que mantinha o suspense até o finalzinho da história para contar que o mordomo era o assassino.

Lia: Suponho que essa qualidade de Gabriel García Márquez, premiado com o Nobel de Literatura, seja o que todo jornalista sonha. Contar uma história que prenda a atenção até o final. Para isso é necessário ouvir as fontes. Mais de uma. Ficar atento, porque as versões são diferentes e todos os entrevistados acham que estão dizendo a verdade. Acima de tudo é preciso respeitar a opinião alheia e duvidar ao mesmo tempo. A dúvida é uma necessidade ética, não um descrédito, não uma afronta a quem quer que seja. No livro, ainda que a história seja uma ficção, há um passo a passo na construção de uma reportagem.

Irany: Suponho que se trata de uma obra que jornalistas jovens e veteranos não podem deixar de ler. Há inúmeras outras contribuições de García Márquez para a literatura latino-americana. Mas as lições de jornalismo em *Crônica de uma Morte Anunciada* são universais. Em nenhum momento apela para o sensacionalismo, uma arma tão usada hoje para se obter audiência. Trata os personagens humildes com dignidade, com respeito. Em razão disso, são lições que valem para qualquer jornalista, em qualquer parte do mundo. Ao se acompanhar o desenrolar da tragédia de Santiago Nasar, é possível ver o sangue e o estertor dele relatado por várias fontes e entender por que Gabriel dizia que a vida é uma sucessão contínua de oportunidades.

Ari: Sem dúvida, é uma contribuição importante para o mundo latino-americano, porém, quero acrescentar mais uma. Ninguém gosta de ter os salários cortados. Especialmente quem gastou milhões para se eleger. No Chile, dois jovens deputados, recém-eleitos, apresentaram um projeto para reduzir a remuneração dos deputados e senadores. Lá eles ganham um dinheirão: R$32 mil de salários e R$53 mil para viagens e outros gastos. Os jovens deputados argumentam que o país tem muitos pobres e por isso não podem arcar com essa despesa. Aqui, cada parlamentar custa R$130 mil mensais em média. Sem incluir gastos com passagens aéreas. Por ano, o Congresso custa para o contribuinte uns R$8 bilhões. Tem tanto funcionário "amigo" que se todos fossem trabalhar o prédio cairia. Na opinião de vocês algum novo deputado brasileiro pode apresentar um projeto parecido com o chileno?

Téo: Não creio, eles têm mais com que se preocupar. Por exemplo, imagine se os habitantes da extensa terra indígena dos Ianomami resolvessem fazer um plebiscito para decidir se continuam ou não fazendo parte do território brasileiro. Certamente haveria no Brasil uma gritaria geral. Seriam acusados os imperialistas, a Igreja Católica, as ONGs mantidas com capital internacional, os grupos interessados na exploração do garimpo, o Capitão América e outros personagens menos cotados. Com certeza, alguém de Brasília diria que é inconstitucional. A Catalunha deseja se separar da Espanha e sua população quer resolver em um plebiscito se continuam ou não fazendo parte do país. O governo de Madrid já disse que isso é inconstitucional, ou seja, nem admitem a hipótese de se consultar o povo. É totalmente do plebiscito que os escoceses chamaram de "referendum". Não, e ponto final. Se preciso podem recorrer às armas? Lembro-me que os moradores das ilhas Malvinas, ou Falklands, conseguiram fazer um plebiscito. A Argentina e a Inglaterra reivindicam a região. Os ilhéus votaram e, com 98% deles a favor, decidiram-se pela cidadania britânica. Os portenhos não aceitaram o resultado e anunciaram que vão continuar lutando para obter a posse das Malvinas, ou Falklands. Ou seja, o povo que se lixe, não pode ter vontade própria nem alegar questões culturais, linguísticas ou históricas. O que vale é o nacionalismo, uma doença que se propagou no século XIX e ainda assola a humanidade. É um vírus ideológico. Então, o que vale para a Crimeia? Estrategicamente importante para o gigante russo, é uma região que já foi fatiada sem anuência da população. O que fazer se a maioria decidisse que quer ser um Estado associado à Federação Russa? Não tem o direito de escolha? Vamos voltar à Guerra Fria? Tais questões, reais ou imaginárias, remetem ao velho princípio da autodeterminação dos povos, um conceito muito popular na época da Guerra Fria, mas que não perdeu a atualidade. A autodeterminação dos povos é o princípio que garante à população de um país o direito de se autogovernar, de fazer suas escolhas sem intervenção externa, ou seja, o direito à soberania de um certo povo de determinar seu próprio status político. Em outras palavras, seria o direito que o povo de determinado país tem de escolher como será legitimado o direito interno sem influência de qualquer outro país. Contudo, esse princípio só vale quando é no território do vizinho ou no quintal do inimigo? Ele está consagrado na Carta das Nações Unidas, mas tem sido constantemente atropelado pela real politik[1].

Lia: Depois desse discurso anos 1970 do Téo, vou mudar de assunto. Quero deixar a política de lado e lembrar de nossa civilização. Não é por falta de informação. Pelo menos três momentos foram responsáveis pelas grandes transformações da sociedade humana. Foram processos acelerados nos quais a sociedade entrou de uma forma e saiu de outra. Das velhas estruturas sociais emergiram novas, como o nascimento das borboletas, que saíram dos casulos onde se transformavam. Um desses momentos foi a revolução da escrita. Aconteceu por volta de 4.000 anos a.C. na região da Mesopotâmia. Os sumérios desenvolveram um sistema de imprimir em tabuinhas de barro, com estiletes em forma de

---

[1] Política ou diplomacia fundamentada em considerações pragmáticas em detrimento das ideológicas. Tem, comumente, forte viés pejorativo indicando políticas coercitivas ou amorais.

cunha, daí essa escrita ser denominada de cuneiforme. Outros povos desenvolveram seus sistemas de escrita até o aparecimento do alfabeto. Graças a isso, o conhecimento pôde se propagar pelo mundo antigo e foi responsável pelos avanços científicos, da matemática à filosofia, da física à metafísica, da história à literatura. Foi o maior salto da humanidade desde que os seres humanos saíram das cavernas e se estabeleceram na forma de sociedades hidráulicas (as que se desenvolveram em torno de grandes rios, dos quais dependiam economicamente) em busca de melhores condições de vida para todos.

Wal: Posso acrescentar que o segundo salto se deu na passagem da Idade Média para a Idade Moderna, quando o sistema feudal deu origem ao capitalismo. Diante das investigações científicas e mudanças nas concepções religiosas tudo virou de pernas para o ar. Até o planeta que era plano ficou redondo. Um novo continente foi encontrado e a sede do pensamento deixou de ser o coração e se instalou no cérebro. Deus passou para a periferia das preocupações e deixou o lugar para o homem. Uma máquina primitiva imprimiu, pela primeira vez, em série, um livro. Houve uma explosão de ideias, conhecimento, debates e difusão de novas concepções. Nunca tantos tiveram acesso à cultura humanística e científica. Os esforços reacionários a essa onda não foram capazes de impedir que as ideias percorressem a Europa e em pouco tempo fossem divulgadas nas colônias. Torturas, julgamentos sumários, decapitações, massacres, autos de fé, índices de livros proibidos: nada foi capaz de reinstalar a ordem anterior, que desmoronou irremediavelmente.

Irany: Para mim, resta arriscar que o terceiro salto é o que estamos vivendo no século XXI. O capitalismo se globalizou e alcançou praticamente todos os países do mundo e difundiu a economia de mercado com todas as suas contradições. Elas são inerentes aos sistemas. O advento da rede mundial de computadores pulverizou o conhecimento, compartilhou as dúvidas e certezas e capilarizou a recepção e emissão de notícias. Diferentemente das outras ocasiões, as transformações ocorrem de modo acelerado e uma atropela a outra. Chegam aos mais longínquos rincões do planeta e impactam pessoas de todos os níveis de escolaridade. Nada fica imune à troca de textos, fotos, vídeos e arquivos, que contêm informações, pesquisas, teses, ficções, fantasias, ensaios e tudo mais que a mente humana é capaz de conceber. Os exemplos do passado mostraram que a humanidade mudou, daí se concluir que ela vai novamente mudar. Cabe a cada um que participa do processo tentar descobrir para onde.

Ari: Graças a isso, nós temos condições de fiscalizar os gastos públicos. Como vocês se sentem ao pagar salários para quem vai emendar o feriadão? Uma boa parte da máquina pública não trabalha em dias de feriado prolongado e se aboleta na praia. Muitos emendam uma segunda-feira normal quando o feriado cai na terça. Ministros dos tribunais de Brasília, desembargadores de tribunais estaduais e juízes de boa parte do país estão de folga desde quarta-feira porque o feriado caiu em uma quinta. Os membros do Ministério Público e funcionários dos fóruns também descansam. Alguns vão fazer um esforço sobre-humano e permanecem de plantão. Tudo para mais uma vez em um ano considerado curto. Sabe aquele documento ou decisão que você está esperando há anos no judiciário? Vai demorar um pouco mais. Na opinião de vocês esses feriados no meio da semana deveriam ser comemorados só na segunda-feira para não comprometer o país?

Téo: Bem, isto nos remete a debater se é possível aumentar a atividade econômica para o país avançar. A França não vivia uma crise econômica profunda quando rebentou a revolução liberal. Entre tantas preocupações da burguesia local estava o endividamento do Estado. O governo emprestava muito dinheiro e depois não podia pagar. Pegava mais e mais. Aumentava os juros para atrair os financistas. Com isso, a dívida aumentava e as chances de saldá-la eram cada vez mais remotas. Boa parte dos impostos e empréstimos eram dedicados a guerras e a financiar as forças armadas. Para educação, saúde, habitação, nada. Não era preocupação da realeza como o povo vivia, nem se os miseráveis, ou *sans culottes*, iriam ou não sobreviver ao próximo inverno. É verdade que parte dos impostos sustentava uma cambada de parasitas pendurados no Estado através de postos públicos, regalias e grandes operações econômicas. O ralo dos impostos não poderia, sozinho, ter provocado o profundo redemoinho que mudou a face da França e do mundo, e inspirou no Brasil a Tiradentes e seus amigos. Havia muito mais.

Irany: Gostaria de lembrar que o Estado brasileiro teve um orçamento para 2014 de R$2,3 trilhões aproximadamente. Uma montanha de dinheiro, que equivale a uns 36% do PIB. O caixa da Previdência Social consome 20%. A rubrica previdência engloba os que contribuíram durante 35 anos e recebem pouco, e os que contribuíram pouco, por menos tempo, tinham outras benesses e, ao se aposentar, recebem o salário integral, como os servidores públicos. Há também os que não pagaram nada, uma vez que não podiam, como os trabalhadores rurais. Recebem um salário-mínimo. Muitos gritam que se aposentaram com seis ou sete salários e, agora, recebem dois ou três. O caixa da Cultura faturou 0,11% do orçamento. Ciência e Tecnologia, 0,37%. Saneamento, 0,15%. Esporte, 0,6%. Habitação, 0,02%. As melhores dotações foram para Educação, 3,4%, e Saúde, 3,91%. Só para citar alguns setores. O deficit atual do Estado brasileiro consome 42% de tudo que é arrecadado. Para bancar essa conta ele teria que economizar, aumentar o superavit primário. Assim, diminuiria a dívida e poderia gastar menos com os juros.

Téo: É verdade que se houvesse um calote dessa dívida interna os bancos seriam os principais atingidos. Eles nunca foram tão lucrativos como hoje. Mas quebraria o país. Ano a ano a dívida cresce, uma vez que não sobra dinheiro para pagar o principal. Por isso, os gestores rolam a dívida e vão empurrando até o dia de São Nunca. Essa prática não é nova no Brasil, originou-se no período conhecido como República Velha. Portanto, não é a dívida do Estado que vai gerar um movimento de massa capaz de derrubar a Bastilha. É preciso também uma causa emocional, como a rainha mandando o povo comer brioches com a falta de pão. Ou construindo uma manada de elefantes brancos para uma Copa dedicada aos que podem pagar ingresso e uma empresa que fatura bilhões, a FIFA.

Wal: O fato é que o poder público gasta para construir, mas não quer gastar para conservar. Por exemplo, várias prefeituras instalaram equipamentos públicos de ginástica em parques e jardins. Para as crianças, são chamados de parquinhos. Segundo o Tribunal de Justiça de São Paulo, o município deve fazer a manutenção dos aparelhos. Além disso, tem que disponibilizar um professor de educação física no local para orientar os usuários. Uma criança teve o dedo do pé amputado pela queda de um aparelho. A prefeitura de São José dos Campos, em São Paulo, foi condenada a pagar R$50.000,00 de indenização aos pais. Há inúmeros parquinhos semelhantes espalhados por todas as cidades. O que a prefeitura deve fazer? Contratar os professores ou desativar os aparelhos para não provocar novos acidentes?

Irany: A prefeitura tomou maior importância no Brasil na segunda metade do século passado. Em 1970, a população rural e urbana do Brasil se equilibrou. Graças ao desenvolvimento da região sudeste, milhões de pessoas deixaram seu rincão e se estabeleceram nas grandes cidades. A concentração continuou nas décadas seguintes. Houve uma mudança populacional geográfica no país. Hoje, cerca de 85% dos brasileiros vivem em grandes manchas urbanas. Deixaram de ser cidades. Elas se juntaram em um fenômeno conhecido como conurbação e formam aglomerados de 25 milhões de pessoas, como na Grande São Paulo. Não se sabe onde começa uma cidade e onde acaba outra. Na década de 1950, ninguém acreditaria em tal mudança, assim como muitos não acreditam que Rio e São Paulo vão se tornar uma única cidade, de 40 milhões de habitantes, unidas pela Via Dutra, ainda que entre elas haja uma distância de 420 km.

Lia: Urbanizar significa planejar, executar e gerir uma massa humana concentrada e verticalizada. Para isso, é preciso multiplicar sistemas de transportes públicos, saúde, educação, saneamento etc. Tudo é essencial para se viver de forma confortável. Contudo, nada é mais valioso do que o abastecimento de água. O Estado precisa prover a população de água e o consumo aumenta na medida que melhora o padrão de vida das pessoas. Mais máquinas de lavar, tanquinhos, lavadoras de alta pressão, aquecimento central em casas e apartamentos. Tudo isso pressiona a produção de mais água. A cidade tem cada vez mais sede e, por isso, a água precisa ser buscada cada vez mais longe e tratada, o que aumenta o custo do metro cúbico que se acumula em caixas e cisternas.

Ari: O paradoxo é que as águas são drenadas de mananciais que são invadidos e poluídos pela população que precisa da água. A noção que vem do passado é que a água é inesgotável, o Brasil tem os mais caudalosos rios do mundo, o aquífero Guarani é uma dádiva divina e por aí vai. Não é bem assim. Ainda que muitos não acreditem que o planeta vai passar por sérias mudanças climáticas — alguns são os mesmos que não acreditam que o homem foi à Lua — elas estão chegando. Calor excessivo em uma região, frio na outra. Excesso de chuva em uma área, seca impiedosa em outra. Enfim, a economia e o respeito pela água precisa fazer parte dos itens do código de cidadania. Não é mais possível achar que água não é um problema do cidadão, mas do Estado. E que basta pagar a conta religiosamente. Isso não é suficiente. A sociedade, como um todo, precisa ser convocada para economizar, usar água de reúso, banir hábitos coloniais do tipo lavar calçadas e pátios, captar toda a água de chuva possível e não poluir as nascentes.

Lia: Ari, você falou agora como um autêntico ambientalista... Li que algumas pessoas que visitam familiares e amigos nas penitenciárias tentam levar produtos e objetos proibidos. O campeão é o telefone celular. Na vice-liderança, vários tipos de drogas. Por isso, a visitante é obrigada a ficar nua e tem as partes íntimas inspecionadas. Entidade de direitos humanos protestam e dizem que isso é uma afronta à dignidade humana. Ainda assim, muita coisa chega no interior das celas. Quero deixar isto registrado porque foi aprovada uma lei em São Paulo proibindo a revista íntima, ainda que haja o temor de que aumente o número de celulares nas celas, muitos deles usados para pregar trotes simulando sequestro de familiares.

Irany: Todos se horrorizaram quando souberam que a modelo, namorada do goleiro famoso, depois de morta, foi atirada para alimentar os cães. Nunca se encontrou o corpo. O mesmo destino teve Jang Song-thaek. Só que ele foi jogado vivo aos cães. Jang era tio do líder máximo da República Popular da Coreia do Norte, Kim Jong-un. Era o segundo em comando. Foi preso, julgado e executado em quatro dias. Os crimes que teria cometido ninguém sabe. Segundo a única imprensa local e oficial, ele teria perpetrado atos subversivos. Quando foi preso tinha acabado de chegar de uma viagem à China, ocasião em que convidou investidores chineses a se instalarem no paraíso norte-coreano. Em um excelente artigo publicado no *Le Monde Diplomatique — Brasil*, o professor francês Maurus diz que é possível mostrar algumas coincidências entre aquela República Popular e alguns outros governos no mundo. O líder máximo permite que norte-coreanos possam trabalhar na China. Há um grande programa que lhes permite trabalhar e viver de forma livre. No entanto, a maior parte do salário é depositada diretamente para as autoridades norte-coreanas. Esse é o destino de costureiras e lenhadores emigrados. Tirar fotos de mercados livres continua proibido. Há lá um surdo debate, uma vez que não há liberdade de opinião, nem de imprensa, se a República Popular deve continuar como um Estado-partido, ou buscar o modelo chinês do Estado de Partido Único com mercado capitalista. Para combater a inflação Pyongyang adotou medidas econômicas drásticas, com o confisco puro e simples de todos os depósitos em cadernetas de poupança. Dinheiro que não valia objetivamente nada, uma vez que nada havia para comprar. Até bem pouco tempo, a Coreia do Norte vivia a Dura Marcha, uma luta contra a fome que matou 10% da população. Foi o tempo do "Exército em Primeiro Lugar".

Téo: Não sei onde já ouvi falar de confisco da poupança. Mas sei que o principal programa da televisão estatal é aquele em que o ditador Kim inaugura obras a torto e a direito. Cada inauguração, cada assinatura de um convênio, cada encontro oficial é motivo para grandes solenidades. Homens duros, aparentemente atentos, bem-vestidos, compõem a plateia e aplaudem sempre. Dar uma informação negativa do governo, nem pensar. A TV não deixa ninguém esquecer que é preciso comparecer à reunião do Partido Único. Enquanto nada acontece fora das águas do Estado, a população é distraída com anúncios de grandes feitos científicos e militares, como lançamento de foguetes, colocação de um satélite em órbita e explosões nucleares. O nacionalismo e uma pseudo "invasão estrangeira" também ajudam. Tudo pelo poder. Teoricamente, não há classes sociais; portanto, o projeto de perpetuação de controle pelo Estado não passa por alianças com outros segmentos. O Estado alia-se a si próprio. Uma situação que perdurará até o dia em que perceberem que ele não é um bloco monolítico e tem suas rachaduras. Até que isso aconteça, muitos reformistas vão virar ração de cachorro.

Ari: Por falar em ração, nem todas as empresas aéreas oferecem apenas aquele lanchinho de plástico com um copo de guaraná borbulhante. Há uma que serve caviar, carne de coelho assada, lagosta, camarão, picanha e até rã. Vocês devem pensar que um voo desse deve ser lá nas Arábias em um jatão de um sultão. Não é. É o cardápio da FABTUR quando leva um ministro em missão oficial pelo país. Enquanto você fica na fila de embarque ou na esteira esperando pela mala, na FABTUR é diferente. Suas excelências têm apoio vip no embarque e no desembarque. No ano passado foram gastos R$1,7 milhão em iguarias. Como são vocês que pagam a conta, pergunto: Suas Excelências não correm o risco de engordar e produzir menos?

Wal: Talvez isso seja uma forma de compensar as frustrações políticas depois de uma eleição. O clima é de prostração e desânimo, e isso que acontece depois que os partidos envolvidos na eleição contabilizam quantos cargos conseguiram ou perderam. Quantas prefeituras, governos estaduais, cadeiras na Câmara, Senado ou Assembleias. Faz-se uma faxina geral nos escritórios e comitês de campanha. O material que sobrou é totalmente inútil e só serve para a reciclagem. Fotos, banners, santinhos, adesivos de toda ordem, agendas de eleitores. A única coisa aproveitável é a camiseta de campanha, que mesmo com a cara do candidato serve para dormir na praia. É um fim de feira eleitoral. Os cabos eleitorais somem com a mesma velocidade que chegaram, levando as ajudas de custo que conseguiram dos candidatos e dos partidos. É uma verdadeira quarta-feira de cinzas, ninguém ouve mais cantar canções, ninguém fala mais nada. Nas fileiras dos vencedores, o desânimo logo se desanuvia. Com a vitória vai ser possível arregimentar numerário para pagar pelo menos parte da dívida de campanha. Outra parte vai ser amortizada com trocas de favores. Há alguns compromissos que não podem ser adiados sob ameaça do credor passar para a mídia o valor da fatura.

Irany: Suponho que o maior impasse é sobre quem vai assumir a presidência do partido. Um cargo, disputadíssimo no período entre duas eleições, logo depois é rejeitado até por quem não se elegeu e ficou sem mandato. O pós-eleição é um rabo de foguete. Será preciso assinar empréstimos frios com bancos aliados, papagaios fantasmas com financiadores já processados por corrupção ou formação de quadrilha, e outras armadilhas. Tudo pode acabar bem e os apoiadores receberem de volta o que investiram ao longo do processo eleitoral. Para isso existem concorrências públicas amigáveis, empréstimos em bancos oficiais facilitados, e outras benesses que só o governo pode liberar. A probabilidade de algo dar errado é remota, considerando que os métodos de financiamento se atualizaram na velocidade da internet.

Téo: Em compensação, nas hostes dos derrotados a melancolia não desgruda. Está lá para ficar pelo menos por dois anos. Ao mesmo tempo que os financiadores desaparecem, os credores surgem como cogumelos depois da chuva. Todo mundo quer receber. Onde buscar dinheiro? É preciso negociar com os credores, passar o chapéu pelas prefeituras e governos estaduais eleitos. Não é fácil. Há fiscalização de todo lado, principalmente da mídia. Não há trégua. As duas situações são vividas pelos maiores partidos, uma vez que eles se alternam nos três níveis de governo. Não há grande pressão por parte da oposição, a qual, em breve, poderá ser situação. Há uma anuência silenciosa. Os partidos aliados são tratados com mais afagos e ajuda quando perdem postos. Serão úteis na eleição seguinte, com seus preciosos minutos na televisão. Trata-se de mais do que uma alternância de poder. É uma gangorra de sobrevivência para os que decidiram dedicar suas vidas ao bem público.

Wal: Recebi um e-mail de um colega aqui da empresa narrando a seguinte história: "Três homens armados e encapuzados invadiram a casa da minha família em nossa reserva ambiental. No meio das ameaças de morte e de pôr fogo em tudo, diziam que queriam a arma e o cofre. Lá, não tinha arma, nem cofre. Reviraram tudo o que puderam, tiraram quadros da parede, arrastaram móveis, viraram poltronas de pernas para o ar, atos sempre intercalados com ameaças de morte. Revólver na cabeça dos rendidos se sucediam. Ninguém sabia onde tudo aquilo poderia acabar. O pior era levar um tiro. Sem encontrar cofre ou arma, começaram a juntar tudo o que podiam carregar. Pegaram talheres, uma peça de metal do Buda, brinquedos, lençóis, objetos de decoração. Juntaram parte da roupa sobre um tapete. Ou iam enrolar tudo para levar, ou pôr fogo, como prometiam. Do lado de fora só um carro da família com a chave. Não era a Kombi, que por sorte não estava lá, senão teriam levado muito mais coisas. Levaram também as camisas do Corinthians e uma coleção de miniatura de Kombis. Umas vinte e cinco. De vários tipos. Amarelas, vermelhas, saia e blusa, com um ou dois vidros frontais, com prancha de surf, pneus faixa branca. Eram de vários tamanhos e preços. Algumas importadas. Todas presentes de amigos. Imaginei que os carrinhos deveriam ser para seus filhos. Enfim, levaram as miniaturas, objetos de desejo expostos em lojas, bancas de jornal ou guardadas em caixas de papelão."

Ari: O que será que fez com que um veículo tão exótico marcasse tanto o imaginário da sociedade brasileira a ponto de cativar jornalistas e assaltantes? O veículo chegou ao Brasil no momento em que a população migrava do campo para a cidade. Nem mesmo a fabricante imaginava que o veículo que podia "kombinar" transporte de cargas e de pessoas pudesse ir tão longe. Ela se integrou nas transformações pelas quais a sociedade brasileira passava na década de 1960. O processo de migração inchou as cidades, e o empreendedorismo passou a ser uma prática de sobrevivência. Micros e pequenos negócios se multiplicaram e precisavam de um veículo leve, barato, econômico, com bom custo-benefício e que pudesse levar a família para uma farofada na praia no final de semana. Daí o sucesso da Kombi. Tinha tudo, menos agilidade. A Kombi se tornou uma ferramenta de ascensão social, sobrevivência e lazer. E, para gáudio da Volkswagen, durou tanto quanto o ambiente de prevalência do microempreendedorismo. Por isso, permaneceu sendo produzida no Brasil mais tempo do que em outros países. Conseguiu conservar suas características originais mesmo com a chegada de vans concorrentes, duas vezes mais caras, ainda que tecnologicamente avançadas. A emergência de novas camadas sociais situadas abaixo do nível de pobreza deram à Kombi uma sobrevida, que se estendeu até dezembro de 2013. Os assaltantes foram presos, mas a coleção de miniaturas nunca foi encontrada. Deve ter sido vendida para um receptador fã da Kombi. Os amigos se juntaram e presentearam o colega com uma nova coleção. A Kombi se foi, mas ficam os carrinhos nas estantes e vitrinas.

Irany: Pelo jeito esse funcionário era vidrado em uma Kombi. Vocês já ouviram falar em Robert Walsh? Aos 56 anos, o médico e reverendo irlandês Robert Walsh já era um viajante experimentado. Foi nomeado capelão da embaixada britânica no Rio de Janeiro. Ao desembarcar, pôde observar a população negra em circunstâncias muito chocantes para um estrangeiro, ainda que a baía da Guanabara fosse a mais esplêndida do mundo, dizia ele. Lamentou que os franceses não tivessem tido sucesso na invasão do século XVI, privando o país de ser povoado por homens que poderiam trazer o progresso e o crescimento econômico, próprios dos protestantes. Mas o Brasil era católico... A escravidão estava de tal forma impregnada na sociedade brasileira que Walsh se arriscou a dizer que todos concordavam que, sem ela, haveria o caos e tudo se arruinaria se fosse abolida. Isso tudo foi registrado em um país que recentemente obtivera sua independência e que tinha como guia José Bonifácio, ardoroso defensor da abolição da escravatura. Esse retrato do Brasil está ricamente representado no livro *História do Brasil — Uma interpretação*, dos grandes historiadores Carlos Guilherme Mota, meu ex-professor na USP, e Adriana Lopes.

Lia: Também li o livro. Walsh viajou para as minas de ouro de Minas Gerais e constatou que escravos transportavam cascalho na cabeça em caixotes pequenos e toscos, subindo e descendo as íngremes encostas. Uma Serra Pelada colonial. Um balde e uma roldana poderiam impedir todo esse sofrimento, diz o reverendo. Os donos de escravos odiavam qualquer tipo de máquina. Verdadeiros empreiteiros de seres humanos, eles eram vendedores de serviços ao Estado, alugando seus escravos. Já naquela época tinham relações incestuosas com o governo. Viver do aluguel de escravos também era um meio de vida para os proprietários no meio rural.

Irany: Walsh calculava a população do Rio em 150 mil habitantes, dois terços dos quais eram escravos. Os estrangeiros eram vistos com desconfiança pela população, a não ser os que vinham da costa africana. Não havia mendigos ou prostitutas como tinha visto em Londres e Paris. A moral lusitana não permitia. Presenciou levas de escravos conduzidos do litoral para as minas, tangidos pelas estradas como rebanho de ovelhas para serem vendidos nos povoados. Cada porta de hospedaria se convertia em um mercado de escravos. De vez em quando, o vendedor dava-lhes uma chicotada para fazê-los saltar, mostrando que tinham pernas ágeis, e também os fazia gritar e chorar para que os compradores vissem que tinham bons pulmões. A violência era comum, particularmente dos mulatos, que não hesitavam em puxar a faca e enterrá-la no corpo do antagonista diante da menor provocação. As armas eram produzidas na Inglaterra, ainda que proibidas, como são hoje os AK 47. Esse quadro é apenas o olhar de um homem, mas ajuda a entender muita coisa na história do nosso país.

Ari: Como médico, e para encerrar nossa reunião de hoje, quero lembrar de uma questão delicada. O que fazer quando um doente precisa de um medicamento que não está na lista do SUS e o paciente não pode comprar? Em 2013, 18 mil pacientes entraram na Justiça e conseguiram os remédios. Quem pagou a conta? Aparentemente foi o governo, que teve que desembolsar quase R$4 bilhões em medicamentos. Por que aparentemente? Porque somos nós que bancamos tudo o que o governo gasta. Só para vocês saberem, através do site Impostômetro (impostometro.com.br) é possível saber quantos bilhões foram arrecadados só este ano. Cerca de 40% dos processos ganhos na Justiça foram para comprar medicamentos de última geração. Caríssimos. Alguns até mesmo sem registro na Anvisa. Na opinião de vocês as pessoas gravemente enfermas têm o direito de recorrer à Justiça para obter esses remédios? É assunto para se pensar em casa. Fica como desafio para nosso próximo encontro.

HERÓDOTO: Eu anotei o desafio, afinal, esse é o papel do mediador. Mas, garanto que até a próxima reunião, vocês o terão esquecido, uma vez que há muitos outros temas para serem debatidos.

Terceiras Provocações

Na terceira reunião, alguns dos executivos optaram por comentar questões relacionadas com a política internacional, haja vista que esse tipo de ação perturba os negócios no Brasil e no mundo. Todavia, é sempre bom traçar uma retrospectiva histórica, sem o que não é possível entender bem o presente. A política do creia ou morra é mais antiga do que a atuação dos grupos terroristas que hoje ocupam parte da Síria e do Iraque. Um autointitulado califa, ou sucessor do profeta, chama a si mesmo de Abu Bakr. O verdadeiro foi o sogro de Mahommad, o primeiro califa e chefe da ala sunita do islamismo. Portanto, o atual califa resolveu ressuscitar a prática medieval do crer ou morrer. Ou paga um imposto. Foi assim na época da expansão do Islão, por volta do século VII depois de Cristo. Sete séculos depois os cristãos católicos fizeram a mesma coisa. Quando invadiram o norte da África para tomar Ceuta em 1415, e se apossar do ouro, escravos e especiarias, deram a mesma alternativa para os muçulmanos. Creia ou morra. Só que dessa vez não havia a opção de pagar um imposto por ser de uma religião diferente. É impensável que, em pleno século XXI, essas práticas voltem como uma novidade. O fanatismo religioso transgride uma regra fundamental da civilização que é respeitar a religião do próximo, seja qual for. Nenhuma delas pode ser impedida de ser professada, seja monoteísta como o judaísmo, o cristianismo e o islamismo, ou animistas como as africanas, politeístas como as indianas e aquelas sem um deus declarado, como o budismo.

Nos tempos antigos, as regras sociais eram, ao mesmo tempo, um código de leis e uma promessa de cumprimento religioso. Assim, quando Hamurabi pediu para escrever o primeiro código da humanidade, mandou desenhar na pedra uma figura dele recebendo o conjunto de leis das mãos de um deus. Em muitas civilizações antigas desrespeitar o código era também afrontar os deuses. Portanto, o castigo podia ser simultaneamente físico e espiritual. Essa mistura de questões civis com religiosas permearam praticamente todas as religiões, que liberavam algumas coisas e proibiam outras. Interditavam, por exemplo, o consumo de determinados alimentos, como carne de porco, ou de qualquer outro animal, como no hinduísmo. Enfim, era um crime contra o Estado.

O que assusta o mundo é que certos líderes atuais não só ressuscitam práticas que nada têm a ver com o mundo contemporâneo, como interpretam essas escrituras a seu bel-prazer. Ora para obter o poder, ora para satisfazer desejos inconfessáveis. Abu Bakr, por exemplo, quer que todas as mulheres em idade de procriação sejam submetidas a uma mutilação genital. A alegação é que isso impede a libidinagem e preserva as tradições islâmicas. Outros determinam que o rosto das mulheres seja coberto por um véu. Alguns ainda sequestram mulheres para que se casem com seus guerreiros, reeditando o mito do Rapto das Sabinas, originário do século IV antes de Cristo. Ou para que sejam estupradas, como faz o Boko Haram[1] na Nigéria. Nos textos básicos da religião essas práticas violentas não estão escritas, mas, ainda assim, muitos as aceitam porque supõem que lá estejam. A prática contemporânea desses absurdos são propagadas

---

[1] Grupo terrorista islâmico que atua na Nigéria.

pelas redes sociais. Se de um lado levantam a indignação, de outro servem como modelo de conduta para outros paranoicos espalhados pelo mundo.

Irany: Vocês devem se lembrar da lição de História do Brasil, quando o Rio Grande do Sul foi considerado parte da colônia brasileira. Os portugueses e espanhóis negociaram quatro anos para chegar a um acordo. E isso só foi possível graças ao trabalho extraordinário do padre Alexandre de Gusmão. Foi ele quem organizou toda a papelada, mapas e argumentos para que o embaixador lusitano apresentasse na corte espanhola. O padre era genial. Quando as negociações emperraram, depois de três anos, ele propôs que se acatasse o princípio do *uti possidetis*. Ou seja, as terras habitadas por espanhóis seriam da Espanha. Aquelas ocupadas por portugueses — e brasileiros — seriam de Portugal. Graças a isso, foi assinado o Tratado de Madri, em 1750, e os gaúchos viraram súditos de El Rey. Gusmão também foi o responsável pela colônia de Porto dos Casais, depois Alegre.

Ari: Todos se lembram que as fronteiras entre países sempre foram demarcadas com o apoio da força. Geralmente, sem consulta ao povo ou respeito às pessoas do mesmo meio cultural. Traçava-se a fronteira, separava-se os povos, impunha-se a nova língua oficial e por aí afora. O princípio de que o território nacional deveria ir até onde estivessem povos da mesma cultura e língua turbinou a política do "espaço vital". O espaço vital seria aquele necessário para a expansão territorial de um povo. Um exemplo é o caso do povo alemão. Não apenas na questão da restauração das fronteiras de 1914, mas também com respeito à conquista da Europa Oriental, espaço que supriria as necessidades relativas à dominação territorial e de recursos minerais.

Téo: Lembro-me que essa política foi o carro-chefe das invasões nazistas que antecederam a Segunda Guerra. A invasão dos Sudetos, a anexação da Áustria e a invasão da Polônia fazem parte do *lebensraum*[2] liderado por Adolf Hitler. Na União Soviética de Stalin também se fez a mesma coisa com outro nome. A presença de russos no litoral do Mar Negro foi incentivada desde o século XIX. A formação de cidades e a implantação do idioma e da cultura russa na região sustentaram intervenções do Csar e de Stalin no Mar Negro. Se a maioria da população é de origem ou de cultura russa, por que não fazem parte da Rússia? Já fizeram parte da antiga União Soviética, ainda que como estado "convidado". Portanto, muitas fronteiras do mundo são artificiais, frutos da geopolítica, uma invenção que também serviu ao nazismo. Desse modo, se uma maioria de pessoas concorda que deve sair de um país e passar para outro, quem pode impedir? Só a força. Como aconteceu recentemente na Península Balcânica, mais de uma vez, com massacres e genocídios. Alguns escaparam e emergiram desse tsunami, como o pequeno Kosovo, que se tornou país independente e deixou a Sérvia rangendo os dentes.

Wal: As notícias não são boas quando se trata da Rússia. Quando em um veículo de comunicação de massa alguém

---

[2] Política do espaço vital, o espaço necessário para a expansão territorial de um povo.

diz um palavrão, ele é coberto com um "pim"... Na Rússia, foi aprovada uma lei que multa filmes, programas de tevê e de rádio, bem como jornais ou revistas que contiverem um palavrão. O presidente Wladimir Putin assinou a lei. Alguns grandes escritores russos da literatura mundial já usaram palavrões em seus textos, como Maiakowsky e Pushkin. Será que as novas edições vão vir com tarja? Se um filme contiver palavrões não vai mais receber certificado de exibição na Rússia. Vídeos e áudios só vão ser vendidos em pacotes selados com um alerta: linguagem explícita. Intelectuais protestam e dizem que a lei não passa de demagogia do governo para aparecer. Populares apoiam o projeto.

Lia: Não é só na Rússia. Os Talibãs do Paquistão têm uma lista de pessoas que devem ser assassinadas. Entre elas estão políticos, militares e pessoas que professam uma religião diferente. Eles querem reeditar a guerra santa medieval quando a religião era difundida na base do crer ou morrer. O Islão medieval não foi o único a usar essa prática. O Cristianismo fez a mesma coisa, como já foi dito aqui. Você não pode ter uma crença diferente da minha, ou você se converte ou você morre. O que valia para a Idade Média ainda seduz alguns grupos extremistas que não admitem nenhum tipo de diversidade. Especialmente a religiosa. Por isso se apegam a textos antigos, escritos para outra realidade e querem aplicá-los sem nenhuma modificação.

Ari: Não entendem, ou não querem entender, que tudo está historicamente condicionado e que as realidades, felizmente, mudaram. Segundo um líder da organização política/religiosa/fundamentalista/extremista, quem não está de acordo com as regras ameaçadoras precisa ser eliminado. Mandar as filhas para a escola é um crime, uma transgressão religiosa inaceitável. Foi por isso que um assassino se postou na porta de uma escola do Paquistão, e quando a menina Malala ia descer do ônibus escolar deu um tiro em sua cabeça. Cumpriu sua missão divina. Restaurou a ordem, a moral, a crença, ao impedir que uma jovem estudasse. Está escrito em algum lugar, não se sabe onde, que mulher não pode ir à escola. Pelo menos é o que a liderança Talibã divulga entre seus fanáticos. Alguns poucos sobrevivem a uma bala na cabeça ou então ficam com sequelas para o resto da vida. A primeira notícia foi que a menina havia morrido.

Irany: Felizmente, para a família e para toda a humanidade, ela sobreviveu. Depois de um ano, Malala, aos 16 anos, deu sua primeira entrevista. Contou seus sonhos, disse que quer ser política, conversar com o Talibã e lutar pelo direito de todos frequentarem a escola. Sem mágoa, sem rancor, sem ódio, nem uma palavra contra quem tentou matá-la. Malala é uma pessoa que se assemelha a um Mahatma, um ser de alma grande, de enorme sentimento de compaixão e ativismo social. Todas essas virtudes a fizeram ser agraciada com o Prêmio Nobel da Paz de 2014. Porém, independentemente da láurea, suas atitudes bastam para escrever seu nome entre os ícones do século XXI, inspirando meninas e meninos de todo o mundo. Graças às redes sociais, todos a conhecem e difundem a admiração por sua luta pacífica. No entanto, Malala precisa se cuidar. O líder Talibã de plantão deu uma entrevista declarando solenemente que ela está na lista dos que devem ser mortos. Gandhi também foi assassinado, mas Malala não precisa ser.

Ari: Sem dúvida, em um estado moderno é preciso preservar a justiça E para se ter justiça é preciso que os órgãos de um governo sejam independentes. Por exemplo, o Brasil deu um passo à frente ao recusar a indicação de um senador para compor o Tribunal de Contas da União. Ele é processado pelo Supremo e já tem condenação. Ainda assim, com aquela cara de pau de sempre, buscou apoio no governo e na direção do Senado e tocou em frente. Por pouco não foi escolhido, como tantos outros que querem um lugar para se encostar pelo resto da vida. Em virtude da pressão exercida pelos funcionários do TCU, da mídia e de cidadãos de bem, a escolha seguiu outros caminhos. Três funcionários de carreira foram escolhidos no plenário do Senado. Tudo bem? Quase. A escolha se dá por voto secreto. A população ainda não conseguiu derrubar o voto secreto das escolhas no Congresso. Só o fez para cassações de mandato. Essa intromissão do populacho vem desde os tempos de Dom João...

Lia: Por falar em Dom João, a biografia do rei de Portugal, pai do primeiro imperador do Brasil, não é das mais elogiosas. Alguns historiadores o classificam como covarde, submetido aos interesses britânicos e um babão. Poderia, segundo eles, enfrentar uma pequena tropa francesa comandada pelo general Junot e ficar na Europa. Preferiu fugir para os trópicos. Às escondidas. Abandonou o povo à própria sorte. Apropriou-se do tesouro nacional e não ouviu a única pessoa sensata que pedia que ficasse, sua mãe Dona Maria, a Louca. Outros historiadores dizem que ele foi um hábil diplomata que soube jogar com as duas potências imperialistas da época, França e Inglaterra. Ora apoiava uma, ora outra. Isso atrasou os planos de Napoleão, que tinha imposto um bloqueio comercial aos produtos ingleses. E partiu para o Brasil com o mérito de ter conseguido ficar sob o escudo da maior marinha do mundo, a britânica. Quem tem razão sobre o perfil do rei? Todos e ninguém. Os historiadores selecionam os fatos, pesquisam as fontes, formam convicção e publicam a biografia.

Téo: Geralmente, o biografado morto não reclama de nenhuma versão. Um ou outro descendente pode até discordar, mas em vez de entrar na justiça, contrata um historiador e manda publicar o que acha correto sobre a vida do personagem. Isso vale para personagens famosos como o líder revolucionário francês Jean Paul Marat, o editor do jornal *O Amigo do Povo*. Marat era médico, cientista e político. Na biografia escrita por Olivier Coquart, meu herói predileto da Revolução Francesa é tratado com muita crítica e pouco elogio. A assassina de Marat, Charlotte Corday, fez dele um mártir, um personagem lendário, um objeto de culto. Se ela não o matasse ele morreria de grave doença irreversível. Portanto, há muitas biografias de Marat, o editor e político, com avaliações diferentes de sua conduta e participação na revolução. Mesmo assim ele continua meu herói preferido. Escrever uma biografia é escrever a História. Ela tem como fio condutor a vida do personagem sempre inserido no contexto histórico que viveu, seja ele um biografado já morto ou não. A História não estuda somente os fatos materiais, as instituições: seu verdadeiro objeto de estudo é a alma humana.

A História deve se propor ao conhecimento daquilo que essa alma acreditou, pensou e sentiu nas diversas idades da vida do gênero humano, diz o mestre Fustel de Coulanges. Por isso as biografias são tão importantes, como *Os Heróis*, de Carlyle, que elogia o dirigente paraguaio rival do império brasileiro. Sem biografia a História não existe. Quem pode ser contra a biografia? Talvez aqueles que não sabem que "os homens fazem sua própria história, mas não a fazem como querem, não a fazem sob circunstâncias de sua escolha, e sim sob aquelas com que se defrontam diretamente, legadas e transmitidas pelo passado", como dizia Karl Marx.

Wal: Não sei se sabem, mas Dom João era louco por uma galinha assada... Você se lembra daquele cidadão de Rochedo, Minas Gerais, acusado de um roubo de galinhas? Ele teria entrado furtivamente no galinheiro e pego as penosas para um jantar. O caso foi bater lá no Supremo, como se o tribunal não tivesse nada mais importante para julgar. Finalmente, o dono e o sequestrador de galinhas chegaram a um acordo. O acusado pagou R$40 para o dono dos galináceos. Contudo, o juiz da cidade de São João Nepomuceno, o mesmo que aceitou a denúncia, não deixou o suposto ladrão impune. Ele não poderá, durante dois anos, deixar a cidade por mais de sete dias sem permissão, e deverá comparecer mensalmente no fórum para dizer o que anda fazendo; também não poderá frequentar bares e boates após as 22h. Na opinião de vocês, depois de uma montanha de papéis, recursos e a ação no Supremo, o juiz acertou? A pena, não da galinha é claro, é justa para servir de exemplo ou é excessiva e o juiz quis aparecer?

Lia: Acho melhor deixar de lado essa história de juiz... Voltando à questão da liderança, o século XX foi pontuado por grandes líderes. Eles ultrapassaram as fronteiras dos países onde viveram e foram ouvidos em muitos outros. É verdade que o século foi um período de grandes tragédias, como as duas Grandes Guerras, e quase acabou com a espécie humana com um conflito nuclear. Entretanto, esses homens deram sua contribuição para que outros refletissem sobre o governo e como ele deveria conduzir a nação. Charles de Gaulle chegou à conclusão de que em política há um momento em que se é obrigado a optar entre trair o país ou eleitorado. Ele disse que preferia trair o eleitorado. Logicamente, por uma causa nobre, é claro. Trair o eleitorado era abandonar o que prometeu a uma parte da população, trair o país era atingir a todos e também às futuras gerações. O que se vê no mundo contemporâneo é que os líderes foram substituídos por chefes e estes traem, simultaneamente, o eleitorado e o país. Graças a essa habilidade são capazes de se perpetuar no poder, não mais com golpes de estado, mas com novas pirotecnias e promessas que os consagram nas urnas. São eleitos, têm mandato, mas não outro compromisso que não seja o de se perpetuar no poder com seu grupo.

Wal: É por isso que digo que a máquina política triunfa quase sempre. Ela é uma minoria unida que atua contra uma maioria dividida. A reflexão é de Will Durant. Cada vez que uma minoria se junta, estabelece uma estratégia de chegar ao poder, desenvolve táticas eficientes e domina a nação. Há inúmeros exemplos na história recente. Um grupo unido vale muito mais do que uma multidão sem rumo. Uma das ferramentas mais eficazes é a mentira, que como já disse alguém no passado, se repetida exaustivamente torna-se uma verdade. E hoje há meios de comunicação eficientíssimos para isso, como as redes sociais. É curioso que quanto maior a mentira, maior a chance de todos acreditarem, no dizer do führer Adolf Hitler. Ela se veste com a ficção e poucos param para perguntar se há ou não fundamento no que a maioria está acreditando. A verdade política se torna um dogma e por isso só pode ser contestada pelos traidores, quinta-colunas, lesas-pátrias ou pelos que estão unidos contra o povo e a soberania nacional. Deu certo no passado, e deu no que deu.

Ari: Mas o mais escandaloso dos escândalos é que nos habituamos a eles. Passam a ser considerados "normais". Ao constatar isso, Simone de Beauvoir estava mostrando que essas situações não têm data nem local para acontecerem. Toda vez que as condições se tornam propícias os escândalos se sucedem com rapidez e intensidade, como uma porteira que se abriu para passar a boiada dos que não têm nenhum compromisso, nem com o povo, nem com a nação, mas apenas consigo mesmo. Os mais hábeis são capazes de vestir ideias menores com palavras maiores e desenvolver, na opinião de Lincoln, a demagogia. E com ela tudo se torna crível, e todos são chamados para escolher entre o bem e o mal, entre o povo e as elites, entre os donos da verdade e os mentirosos. Há um maniqueísmo vigoroso. É o caso de se perguntar: De que lado você está? Enfim, há lições que vieram do século XX, como a ensinada pelo Barão de Itararé ao dizer aos habitantes do século XXI que os vivos são e serão, sempre e cada vez mais, governados pelos mais vivos. A ética que se lixe. A quem se referia?

Téo: É por isso que não me sai da cabeça a frase: "Por que você atirou em mim?" Segundo a mãe do adolescente essas foram suas últimas palavras. O jovem de 17 anos foi atingido no peito por uma bala disparada por um policial militar. Um acidente, disse a corporação. Uma violência, replicaram os moradores. Um morreu, o outro foi para o presídio militar. A família divulgou que o menino trabalhava durante o dia e estudava à noite. Seu crime foi parar na porta de um bar, à tarde, em companhia do irmão mais jovem. O porta-voz da polícia, em entrevista coletiva, explicou que a arma disparou acidentalmente e o atingiu. De dentro da viatura, dizem as testemunhas da tragédia. Cabe à polícia e à justiça elucidarem o que realmente aconteceu. A população se revoltou, promoveu manifestações, mostrou cartazes contra a violência policial e foi para casa. Já os vândalos, esses não foram dormir. No domingo à noite, atacaram bancos, danificaram latas de lixo e telefones públicos e atearam fogo em ônibus. Na segunda-feira, dia do enterro do jovem, eles voltaram. Desta vez atacaram lojas da região. Usaram um carrinho de ferro velho como aríete e derrubaram a porta de aço da maior loja do bairro. Levaram tudo. Estapearam-se para decidir quem ficaria com a maior parte do butim. Outras lojas foram atacadas. Fecharam uma estrada federal. Puseram fogo e saquearam duas carretas. Todos os vândalos estavam com o rosto coberto, talvez por luto do rapaz assassinado. Tomaram de assalto uma carreta com 15 mil litros de gasolina, abandonada pelo motorista próximo aos caminhões incendiados. O grupo fez uma manobra arriscada com ela e saiu em disparada, na contramão, com vários surfando a carreta e outros pendurados em sua traseira.

Irany: Eu vi. Foi uma cena de filme de horror. Quem acompanhou pelo *Cidade Alerta*, na TV Record, temeu que uma tragédia de grandes proporções pudesse acontecer. Quinze mil litros de gasolina esparramados na pista e nos bairros vizinhos da estrada poderiam provocar um incêndio de proporções gigantescas. O caminhão foi abandonado na contramão, e o grupo se contentou em quebrar vidros e carroceria com pedras e paus. Levou duas horas para a polícia chegar. Primeiro de helicóptero. Um voo desde a base até o local levaria, no máximo, dez minutos. Depois vieram viaturas e motos. A polícia rodoviária federal não deu as caras. Sumiu. Uma demorou e a outra não apareceu. O congestionamento prejudicou a vida da cidade de São Paulo, que voltava para casa depois de um dia em que muitos não trabalharam. Funcionários públicos estavam de folga. Era seu dia. Outros ônibus foram queimados na rodovia ou na via marginal da estrada. Passageiros assustados correram. O motorista largou o extintor e também correu. Todos esperavam uma explosão que não ocorreu. Felizmente. A população foi dormir assustada. Será que a corrida eleitoral tem alguma coisa a ver com o sumiço das polícias estadual e federal? É possível que um episódio grave como esse possa ser tema de campanha para qualquer cargo eletivo? Será que as cenas trágicas foram gravadas para serem reprisadas no horário eleitoral? Em breve vamos descobrir; por enquanto, vamos ouvir as mesmas e desgastadas explicações dos governantes e ficar à espera de mais uma cena de vandalismo.

Lia: Houve uma época que os donos do poder davam de dote para suas filhas um cartório, que era administrado pelo futuro genro. Era um presente de presidente da república. Ter um cartório nessa época era amarrar o burro na sombra e viver tranquilamente o resto de seus dias. Com boa renda, inamovibilidade, respeitabilidade pública e hereditariedade. O sogrão garantia, também, o futuro das gerações vindouras. O cartório se assemelhava a uma capitania hereditária, criada lá no século XVI pelo rei de Portugal. Pensando bem, a capitania não era tão boa como um cartório. Ela era arriscada, imensa, necessitava de investimentos pesados que somente um ou outro conseguia com os financiadores batavos de olho nos lucros do açúcar no mercado europeu. Portanto, ter um cartório era gozar de um privilégio reservado para poucos. Muitos não entendem porque os cartórios não são geridos pelo Estado. São privados. É verdade que algumas características do passado acabaram, como a hereditariedade. A posse é por concurso. Mas outras jabuticabas, uma vez que só existem no Brasil, continuam, como o anacrônico "reconhecimento de firma", em plena era dos documentos digitalizados, compras pela internet e senhas criptografadas.

Ari: Ainda assim, deve ser um bom negócio, uma vez que existem 8.000 pessoas aprovadas em seleções públicas que esperam assumir a titularidade de um cartório. Atualmente, 5.000 são substitutos e não querem largar o osso, ainda que o tutano tenha sido drasticamente retirado nos últimos tempos. É mais um dos "trens da alegria". No passado, a sinecura era apenas para poucos; hoje, escancarou. Afinal, o número de espertos aumentou muito. Ser titular de um cartório, como tantas outras coisas, envolve os interesses dos políticos. Por isso, há os que são favoráveis a que os atuais provisórios sejam permanentes, e os que querem dar espaço para que os concursados assumam. A questão se arrasta no Congresso com lances eletrizantes entre as bancadas de lado a lado. Ter o apoio do dono do cartório pode ser a diferença entre se perpetuar ou não no poder. O público assiste abobado a um debate que entende não ser de seu interesse. Acima de tudo é chato. O que é um símbolo do anacronismo, corporativismo e burocracia poderia se transformar em um local para a resolução de pequenas e importantes questões sociais. Em vez de atulhar o judiciário com mais ações, por que não resolver tudo em um cartório, desde que as partes concordem? Alguma coisa nessa área já acontece, ainda que haja uma outra querela. Os advogados não admitem que as partes compareçam sem contratar um deles.

Wal: A situação é crítica. Ninguém está se referindo ao crescimento da economia neste ano. Nem da refinaria que a Petrobras comprou em Pasadena. A frase é de John Coates, uma espécie de Jérôme Valcke, do Comitê Olímpico Internacional. Ele diz que os preparativos para os jogos olímpicos do Rio de Janeiro são os piores que viu em sua vida. Ele está no comitê há 40 anos, e participou da organização de dez Olimpíadas.

A bronca de John Coates aconteceu quando faltavam apenas 44 dias para o início da Copa do Mundo da FIFA. É uma corrida contra o tempo. Na opinião de vocês, ele não está preocupado à toa, pois os Jogos Olímpicos acontecem só no longínquo 2016? Não é um exagero afirmar que o comitê brasileiro está totalmente perdido?

Téo: Graças à Copa do Mundo aprendemos muitas coisas. Por exemplo, não apareça no Brasil achando que está na Alemanha. Essa é outra declaração do diretor da FIFA. Um recado que o secretário-geral da FIFA, Jérôme Valcke deu para os torcedores alemães. O alerta foi dado para os milhares de torcedores estrangeiros que vieram para assistir aos jogos da Copa do Mundo. Um recado ruim, que criou uma atmosfera de pessimismo na sede da Copa. É bom lembrar que ela é um evento privado, organizado pela FIFA, com grandes patrocinadores e grandes despesas do país-sede, o Brasil. Jérôme Valcke agora tira o corpo fora e diz que foram Ricardo Teixeira e Lula os responsáveis pelos jogos ocorrerem em todo o país. Ele só esqueceu de dizer que a FIFA concordou. Parece que eles não tiveram nada a ver com a ameaça de um fracasso do torneio. O que será que levou o dirigente da FIFA a dar essas declarações bem na boca da Copa?

Lia: Por falar em declarações, algumas se tornaram famosas porque foram registradas pela História, ou por serem atribuídas a personagens famosos. Todo mundo se lembra do "Se é para o bem-estar de todos e a felicidade geral da nação, diga ao povo que fico". Há aquela outra que diz "Saio das páginas da vida para entrar nas páginas da História". Ou "No bolso desta calça nunca entrou um tostão de dinheiro público". Ou ainda "Estupra, mas não mata". Os autores dessas frases ficam por conta de vocês. Lembro-me de um jovem e impetuoso ministro da Fazenda, que disse alto e bom som no programa *Roda Viva*, da TV Cultura, apresentado na época pelo HERÓDOTO: "Quem roubou, roubou, quem não roubou não rouba mais". De todas essas frases, a que mais caiu em desuso foi esta última. O noticiário, municiado pelo Ministério Público, Justiça, Polícias, além das controladorias e tribunais não dá trégua, é roubalheira em cima de roubalheira. Os mais exaltados culpam os jornalistas pela difusão da malandragem, do mesmo jeito que culpam o termômetro pela febre do paciente.

Irany: O mundo corporativo, por seu lado, produz também suas citações famosas e absolutamente distantes do que pratica no dia a dia. Ou seja, seus integrantes dão uma força considerável para turbinar o processo de corrupção na sociedade. Para isso, usam de todo o treinamento possível e das mais recentes expertises para se aproveitar de situações. Alguns lançam esse ganho em seus balanços e remuneram melhor os acionistas. Outros enchem o caixa dois providenciando o numerário para despesas não contabilizadas, como propinas, locações de avião para transportar políticos, brindar funcionários de alto escalão, ou bancar viagens, festas, jantares e encontros com garotas selecionadas. Isso tudo não cabe nos manuais de *compliance* que distribuem interna e externamente. Por essa razão, o caixa dois é útil para os negócios. É uma ferramenta que existe, mas não é reconhecida nem nos balanços, nem nos manuais.

Téo: Afinal, todo mundo sabe que é desse manancial que jorram as contribuições para as campanhas de partidos de todos os matizes. Da esquerda à direita, todos recebem. O século XXI vai ser o século da ética, dizem os manuais. Pelo jeito, o século ainda não começou para as construtoras de São Paulo. Em mais um escândalo são suspeitas de corromperem os fiscais para pagamento menor de imposto. De um lado o crime de sonegação, de outro, o de corrupção de funcionário público. Roubavam a população. Assaltavam a sociedade. Além de ganhar com a venda do imóvel, aumentavam o caixa desonestamente com o dinheiro que falta para escolas, creches e postos de saúde. Com a cara de pau tradicional o trade se manifesta e assume o papel de vestal. Ninguém está autorizado a falar em nome da entidade, diz um comunicado oficial. Todos se escondem sob o guarda-chuva da associação e o público tem dificuldade de visualizar quem são os éticos e quem são os bandidos. Nos seminários de *compliance* estarão todos lá na plateia com caras de santo, enquanto outros, mais ousados, vão fazer parte das mesas com apresentações em Power Point coloridos, com lindas paisagens, crianças sorrindo e frases abstratas sobre como ser uma empresa cidadã e ética.

HERÓDOTO: Diante da exaltação provocada por temas tão atuais e sensíveis a todos, é melhor parar por aqui, mesmo porque amanhã todos terão que trabalhar. Até a próxima reunião.

Provoc

Quartas Provocações

O quarto encontro entre Téo, Lia, Irany, Wal e Ari foi um pouco tumultuado. Vários temas foram abordados simultaneamente, e não foi fácil separar um do outro. Em especial, porque envolveram temas de política, ainda que não necessariamente partidária. Críticas contra os jornalistas chovem. Errar na publicação de uma notícia provoca estrago na reputação de pessoas, entidades públicas ou corporações. Não faz diferença se o jornalista errou de boa ou má fé. O estrago está feito e o mínimo que se pode fazer é corrigir o erro. Da forma mais rápida possível e com a maior acurácia. Uma correção não pode ser mais danosa do que o erro já cometido, jamais. Não é folclore a história de que um noticiarista, acreditando na primeira informação de uma agência internacional, anunciou, ao vivo, que o Papa havia morrido. Ao tomar conhecimento do erro, corrigiu dizendo que lamentava dizer que o Papa estava vivo. Ou seja, uma vez divulgado pelas inúmeras plataformas físicas ou digitais, reparar o erro é tão difícil como lançar um picadinho de papel do alto de uma torre e depois recolher um a um porque era um documento importante. O vento colabora para que muitos deles não sejam jamais recuperados.

Assim, é preciso prestar atenção e ler com cuidado a informação que vai virar notícia. Em 1954, o presidente democraticamente eleito Getúlio Vargas assinou o decreto que criou a Petrobras. Era o auge de uma campanha nacionalista que vinha ainda dos tempos da República Velha, deflagrada pelo escritor Monteiro Lobato. Depois de grandes batalhas no Congresso, acusações recíprocas de entreguista de um lado e comunista de outro, grandes comícios populares e muito debate nos jornais da época, finalmente nascia a empresa. O que se seguiu foi uma comemoração estrondosa contra o imperialismo e contra as sete irmãs do petróleo capitaneadas pela Standard Oil Company, atual EXXON. O presidente nacionalista, favorável à participação ativa do Estado na economia, já havia criado outras estatais. Contudo, o nome da empresa era Petróleo Brasileiro — Sociedade Anônima. Ou seja, 49% do capital seria privado. O governo ficaria com 51% e não 100% da empresa como pediam os nacionalistas. E isso nunca ficou claro para o público.

Recentemente, os aeroportos de Brasília, Cumbica, Galeão e Confins foram terceirizados. O termo divulgado não foi privatização, mas sim concessão. O Estado ficou com 49% do capital e os investidores privados com 51%. Logo, quem gerencia os aeroportos são os particulares e não a Infraero. O mesmo se dá na Petrobras, quem gerencia é o Estado. Cabe aos jornalistas apurar, entender e escrever de uma forma didática e simples que qualquer cidadão de mediana cultura seja capaz de compreender. Entretanto, para escrever fácil e explicar, primeiro é preciso entender. Talvez por isso seja mais cômodo repetir o que foi dito, sem conferir no texto o que realmente ficou estabelecido. É compreensível que a emoção, o debate político, a ideologização de qualquer matiz influa na redação da notícia, uma vez que o jornalista está imerso na sociedade. Todavia, nada justifica divulgar uma informação errada. Nem mesmo por uma boa causa.

Vejam o que consegui recuperar do diálogo entre os debatedores.

Téo: Para isolar uma pessoa da sociedade eram necessários 6.000 votos. Os nomes dos contemplados eram rabiscados em pedaços de cerâmica, o óstraco. Ou seja, eram condenados ao ostracismo. O quórum era de 6.000 votos e o mais votado recebia um convite para desaparecer por dez anos. Todos os cidadãos votavam. É verdade que na Atenas antiga apenas uma pequena parte da cidade participava. Mulheres, escravos, estrangeiros e crianças não votavam. Ainda assim, o sistema era chamado de democrático, ou seja, as questões políticas eram postas em votação e todos os habilitados decidiam sobre os destinos da cidade-estado. O sistema não era perfeito, apesar dos esforços do legislador Clístenes, que o formulou aproximadamente uns 500 anos a.C. A questão é que a democracia ateniense inspirou todas as modernas.

Lia: Quero lembrar que a constituição suíça preservou também o sistema de democracia direta. É verdade que existem representantes em assembleias, mas os assuntos importantes são decididos diretamente. Questões nacionais, regionais ou cantonais são decididas por votação direta do povo. Vão da licença para a instalação de uma antena de celular em uma cidade até a manutenção ou não do exército nacional. A democracia direta é uma instituição da qual os suíços se orgulham, ainda que, muitas vezes, as decisões sejam polêmicas. Consulta popular compromete todos. Uma vez aprovada, todos estão moralmente comprometidos a cumprir o que foi decidido.

Ari: Qualquer gestor público de responsabilidade deve saber que para bancar uma Olimpíada é preciso muito dinheiro. Muito dinheiro mesmo. Deve avaliar primeiro se tem caixa para bancar a despesa. Depois, se o que vai ser gasto não vai fazer falta em outras despesas do poder público, como saúde e educação. Deveria ser uma questão mais de avaliação técnica e econômica do que política. O Comitê Olímpico divulgou a última conta dos Jogos Olímpicos do Rio de Janeiro: total R$36,7 bilhões. Metade vem da iniciativa privada, metade vem do governo. Considerando-se o legado para a Cidade Maravilhosa, foi uma decisão sensata? Assim, antes de decidir sobre grandes temas que vão ser suportados economicamente por todos, seria bom uma consulta popular.

Irany: É verdade também que nas democracias representativas, senadores e deputados tentam monopolizar as decisões. São refratários a plebiscitos e referendos. Alegam que custam caro, mas poderiam ser realizados junto com as eleições. Eles devem saber que no Brasil há eleição a cada dois anos. Quem ousaria propor um plebiscito sobre a adoção ou não da pena de morte? Um tema como esse divide a opinião dos parlamentares e o povo não é chamado para opinar. Há muitos outros temas. É o princípio de que o povo não sabe o que faz e por isso precisa ser tutelado. Há inúmeros outros assuntos que seriam passíveis de consulta popular. Por exemplo: Sediar uma Copa do Mundo de futebol no padrão FIFA, ou organizar uma Olimpíada de Verão, que exigem grandes investimentos e esforços de organização? Uma consulta popular sobre esses temas ou morreriam no nascedouro, ou todos abraçariam a causa e ajudariam no que pudessem. Ninguém faria manifestações contra.

Wal: O caso é que ninguém no Congresso palpitou sobre eles, afinal, quem ousaria ser contra uma Copa do Mundo com uma reeleição pela frente? Poucas vezes a população foi consultada em plebiscito. Uma delas foi quando decidiu pelo fim do parlamentarismo e a volta do presidencialismo com João Goulart. Outra depois da Constituição de 1988, quando a Monarquia e o Parlamentarismo foram desbancados pela República Presidencialista. Em tempo, todos aqui, suponho, são contra a pena de morte.

Ari: Falando em futebol, é comum nos dias de jogos os marreteiros e ambulantes tomarem as ruas que dão acesso aos estádios. Vendem de tudo: de camiseta do clube a bandeiras, cachaça, cerveja e churrasquinho de gato. Ninguém fiscaliza, e o público corre o risco de consumir produtos contaminados. Pelo menos durante a Copa do Mundo isso acabou... Nos dias de jogos no estádio do Itaquerão, em São Paulo, ambulantes foram fiscalizados tanto na zona leste, como no centro da cidade. Segundo o acordo assinado com o governo brasileiro, só a FIFA pode explorar comercialmente o entorno dos estádios. No caso da cerveja a venda foi liberada apenas para ser efetuada dentro das arenas durante a Copa. A Prefeitura de São Paulo mobilizou um batalhão de fiscais para cumprir o trato com a FIFA.

Wal: Impor uma determinada visão de mundo é prática tão velha quanto as mais antigas sociedades humanas. Por volta de 300 anos antes de nossa era, o imperador Huang Ti, da dinastia Qin, determinou que o mundo começaria com ele. Repetia, em chinês é claro, nunca antes neste mundo haviam acontecido coisas novas e fantásticas como em seu reinado. Além das transformações econômicas, centralização política, unificação do exército, domínio dos senhores feudais locais e organização burocrática do estado, ele iniciou a construção da famosa Muralha. Com ela, a civilização chinesa não seria contaminada pelo contato de outros povos e poderia viver com sua própria verdade. O mundo começava com seu reinado e, para tanto, era preciso apagar os relatos anteriores. Não teve dúvidas, mandou queimar todos os livros e muitos intelectuais recalcitrantes foram enterrados vivos, servindo de exemplo a quem insistisse em divulgar outras visões de mundo.

Téo: Uma maluquice imaginar que a China ocupava, segundo o líder, o topo do mundo, o centro do universo, e por isso não podia conviver com quem pensasse fora do ideário oficial. Não bastava impor uma opinião à maioria submetida, era preciso impedir que outros manifestassem pontos de vista diferentes, que ameaçassem a sociedade, a moral e os bons costumes. Realidade ou ficção, tanto fazia, o passado não existia mais. Impedir que visões não entendidas como corretas, morais e oficiais fossem divulgadas permearam a luta pela liberdade de expressão ao longo do tempo nas sociedades humanas onde quer que tenham se desenvolvido, às margens do Rio Amarelo, Ganges, Nilo, Tigre, Eufrates, Pó ou qualquer outro lugar. Há momentos mais emblemáticos, como a ação de Huang Ti, ou a do bispo católico Torquemada, na Espanha do século XVI. O caolho Camões foi obrigado a submeter seu poema épico ao controle da censura para obter um nihil obstat[1]. Ou

---
[1] Aprovação oficial do ponto de vista moral e doutrinário de uma obra.

o ocorrido em uma praça de Berlim, próxima a Unter em Linden Strasse, quando um grupo juntou uma montanha de livros e os queimou em uma grande festa do partido nazista.

Lia: Não foi a primeira vez que livros considerados perniciosos para a edificação de uma sociedade sadia, pura, edificante, representante da superioridade de alguns, foram dizimados para sempre. Não existiriam mais, crianças e jovens estariam protegidos contra a divulgação de ideias que podiam prejudicar a visão de mundo que o líder supremo havia escolhido para todos. O império de mil anos. Vez por outra surge um defensor de seus princípios morais que quer que todos o acompanhem. Assim, ameaçam entrar na justiça para impedir um filme, uma peça de teatro, um livro ou qualquer outra manifestação do pensamento. São os censores contemporâneos, os guardiões dos costumes, os tutores e tutoras de todos. Partem do princípio de que os demais são incapazes de decidir o que devem ou não ver, ler ou ouvir. Atacam a liberdade de expressão sob o manto de defesa da sociedade contra o que consideram pernicioso, perigoso, contrário ao que elegeram como o bom, o bem, o belo e o civilizatório.

Wal: O curioso é que alguns fazem isso em nome da religião, outros da moral proletária, outros da santidade dos costumes, todos impositivos e, se preciso, lançando mão de ações na justiça, da fogueira ou do ataque da turba contra alguém. Eles estão à solta pelos continentes. A esperança é que, com a internet e a impossibilidade de impedir a circulação das manifestações da cultura humana, sejam soterrados em uma montanha de bytes.

Irany: Todos têm que respeitar a lei, até mesmo a polícia. É comum, viaturas policiais atropelarem as regras de trânsito. Com sirene ligada, luzes estroboscópicas, policiais com armas fora do veículo e giroflex, elas passam zunindo. Sinal vermelho, faixa de pedestre, preferencial em rotatória ou cruzamento, não existem. A viatura está a caminho de uma emergência e tudo é possível. Certo? Errado. Segundo o Tribunal de Justiça de Santa Catarina, a viatura tem que respeitar as regras de trânsito. O fato de atender a uma ocorrência não justifica os pinotes e malabarismos que as viaturas policiais fazem nas ruas. O governo do estado foi condenado a pagar multa por causa do abuso dos policiais.

Ari: Está no inconsciente coletivo que a melhor forma de fazer cumprir a lei é ameaçar o cidadão. Ele obedece, não porque identifica na norma uma melhoria social, mas porque teme ser punido. Na Antiguidade, a punição era a morte ou a escravidão perpétua. Na idade média, os condenados eram pendurados nos pelourinhos da praça principal do burgo e submetidos à execração pública. Nas colônias americanas, os transgressores de leis morais eram marcados com um ferro em brasa ou vestidos com roupas vexatórias. Havia também os punidos com base na vontade do senhor de plantão. No Brasil colonial, o dono do latifúndio tinha o poder de vida e morte sobre seus escravos, agregados, filhos e mulher. Ainda hoje, é comum as pessoas pedirem cadeia para a punição de crimes, sejam eles graves ou não. No entender de parte da sociedade, excluir uma pessoa da comunidade é a maneira mais simples de punir.

Téo: O sistema prisional no mundo mudou muito nos últimos anos. Nos países avançados, as cadeias deixaram de se constituir em depósitos de presos, tornando-se locais em que os detentos possam ser recuperados para voltar a viver em sociedade. A lei pode atuar não apenas através do medo. Na Noruega, até mesmo um assassino de 77 pessoas foi mandado para uma penitenciária com direito a uma acomodação que alguns classificaram de "prisão de padrão FIFA". Tem até sala de musculação. Foi condenado a 21 anos de reclusão, e não a 25, 30, ou prisão perpétua como existem em alguns países e almejados por cidadãos de outros. O que se adota em geral no mundo é que o detento trabalhe, faça uma poupança para que possa manter sua família ou para quando ganhar a liberdade.

Wal: Agora, toda pessoa que for condenada na Inglaterra terá que pôr a mão no bolso. Isso porque, junto com a sentença, vai ser cobrada a taxa do condenado. O valor arrecadado vai para as instituições que dão apoio às vítimas do crime. O valor da taxa varia de acordo com o delito. A taxa foi criada em 2004 e só atingia quem era condenado à pena de multa. Agora, até os que ganharem liberdade condicional vão pagar 15 libras e aqueles que receberem penas alternativas terão que desembolsar 60 libras mensais. O valor para quem tiver de cumprir sentença atrás das grades será determinado pela duração da pena e vai variar de 80 a 120 libras mensais. A mudança faz parte do empenho do governo britânico em cobrar diretamente dos criminosos os danos causados à sociedade. Com a finalidade de ajudar as vítimas, o governo autorizou o confisco de 750 mil libras provenientes dos salários dos condenados. Se isso vai ou não ajudar a inibir a criminalidade, não se sabe. Há um amplo debate a respeito. Contudo, os que cometem crimes, além da punição tradicional, sofrem agora um castigo econômico. Vão ter que trabalhar nas prisões, ou fora delas, para ajudar a vítima ou seus familiares. Se isso é possível apenas na Inglaterra é outra questão polêmica. Suponha que tal método fosse aplicado em um país onde há uma avalanche de inadimplência na cobrança de outros tributos. Ele ficaria totalmente desmoralizado, ou o governo seria acusado de implantar uma indústria de multas.

Irany: Já que estamos falando de prisões, quero lembrar que é possível empilhar muita gente em um local pequeno. São 6.000 pessoas em um único prédio. Que pode ruir, considerando o tamanho do edifício e a quantidade de pessoas. Metade foi admitida por concurso público, metade indicada pelos donos do poder. O Senado tem hoje mais funcionários indicados pelos senadores. Certamente, eles não confiam nos funcionários concursados e, por isso, indicam seus próprios servidores. Todos são pagos pelos contribuintes com os impostos. Vários devem trabalhar no *Jornal do Senado*, distribuído gratuitamente no aeroporto de Brasília. O que poderia ser produzido em uma fábrica com 6.000 empregados?

Lia: Gostaria de voltar à perseguição de mulheres com o exemplo mais importante dos últimos tempos, excetuando-se o sequestro de 300 meninas na Nigéria. Bem que o Talibã a avisou com antecedência de que se ela continuasse defendendo em seu blog o direito das mulheres estudarem no

Paquistão, seria morta. As ameaças continuaram. Como comentamos, anteriormente, desde os 11 anos Malala Yousafzai, com o apoio de seus pais, divulgava suas ideias pela internet. Por seu turno, os radicais do Talibã espalhavam pelo interior do país uma ordem para que todas as escolas femininas fossem fechadas. Elas deveriam se limitar a sua casa, só sair na rua acompanhada de um parente homem, submeter-se a casamentos arranjados ainda na infância e se dedicar a gerar filhos para a religião. Malala não se atemorizou e continuou frequentando a escola em companhia de suas amigas no vale de Swat. Certo dia, um homem parou um carro na porta da escola, quando as crianças saíam e perguntou a uma delas quem era Malala. Ao ouvir a resposta, sacou de uma arma e atirou na cabeça das três. Malala foi internada em um hospital de Peshwar e escapou por pouco da morte. Sua recuperação foi feita em Londres e hoje ela realiza palestras denunciando a violência contra as mulheres no Paquistão. Voltei ao assunto porque a concessão do Nobel da Paz de 2014 a ela é um alento ao esforço de muita gente no mundo em prol de ações pacifistas, muito necessárias em tempos tão conturbados.

Wal: Por falar em violência contra mulheres, lembro que o assédio sexual em mulheres nos vagões de trens e metrôs continuam. Em várias cidades brasileiras se estuda a separação de vagões para as mulheres. A medida foi implantada em São Paulo, em 1995, mas foi abandonada pelas próprias mulheres. Movimentos de mulheres são contra porque consideram uma discriminação, um confinamento descabido. As mulheres querem ser respeitadas em todos os vagões. Há quem diga que essa medida é inconstitucional, uma vez que impede o direito de ir e vir. Contudo, esse vagão ainda existe no Rio de Janeiro. Como impedir que cafajestes continuem abusando das mulheres no transporte público?

Irany: Já que o tema é mulher, uma pesquisa da Universidade Federal de São Paulo mostrou que 40% das mulheres não usam camisinha. Mas de quem é a responsabilidade pelo uso do preservativo? Aparentemente, quer-se responsabilizar apenas a mulher, como se os homens não tivessem nada com isso. A mesma pesquisa diz que só um em cada três homens usa camisinha. O resultado dessa conduta de alto risco é a transmissão de doenças e a gravidez precoce indesejada. Um terço das mulheres entre 14 e 20 anos já engravidou pelo menos uma vez. Uma em cada dez passou por processo de aborto para não ter o filho. A pesquisa deixa claro o comportamento machista dos homens brasileiros e, também, que as famílias não têm mais controle sobre o início do relacionamento sexual de seus filhos. Diante dessa realidade, seria melhor liberar o aborto ou reprimir o relacionamento sexual entre jovens?

Ari: Gostaria de lembrar que a violência tem muitas faces. Na África subsahariana, mulheres são mutiladas, submetidas a uma "circuncisão feminina" sob pretexto também religioso. Em outras regiões da Ásia, são obrigadas a se cobrir de tal forma que apenas os olhos são vistos. Em outras culturas, são oferecidas, ainda crianças, em casamento arranjado pela família, ou vendidas como escravas para trabalhar em minas ou na agricultura. Outras ainda são forçadas a se dedicar à prostituição e remunerar os traficantes de pessoas. Tudo isso acontece em pleno século XXI, quando os olhos do mundo cresceram em progressão geométrica com o desenvolvimento da internet e das redes sociais. Malala, citada pela Lia, é uma blogueira. Até metade do século passado as mulheres chinesas tinham os pés atrofiados com dolorosas bandagens. Os pés pequenos e o uso necessário de um tamanco especial impediam que fugissem de seus donos. Muitas outras barbaridades foram praticadas contra pessoas, mas as mulheres sofreram as maiores perseguições e crueldades. Malala é um exemplo de que uma arma não consegue matar um ideal. Armas não impedem que outras pessoas prossigam a caminhada em direção à liberdade de escolha, de religião, de vida e de opinião.

Téo: O mundo melhor se constrói com a diversidade, com o respeito aos direitos humanos e o fim da interferência, seja de quem for, nas questões íntimas de cada um. Com esse propósito foram elaborados, ao longo da história da humanidade, as leis e códigos de conduta que todos devem respeitar. Mas há um limite, que é o respeito pelas crenças e o desejo de cada um construir sua própria felicidade dentro da legalidade. Os mesmos meios tecnológicos que podem melhorar a vida no planeta são ainda utilizados por alguns grupos que se arvoram em chefes absolutistas, donos de outros. O exemplo de Malala, aqui lembrado, não pode ser esquecido.

Lia: Alguém já disse que ética é aquilo que a gente faz quando ninguém está vendo. Contudo, Oscar Wilde diverge e diz que isso é caráter, ética é o que se faz quando todos estão vendo. De uma forma ou de outra esses dois atributos andam juntos, em que pese, quando se trata do poder público, ser eficiente a presença atenta do cidadão. O Brasil dá um passo importante para o desenvolvimento da cidadania com a transmissão ao vivo e contínua das sessões do Supremo Tribunal Federal. Elas se iniciaram há algum tempo com a TV Justiça, e qualquer cidadão, em qualquer recanto do país, com uma simples antena parabólica adquirida a prazo, pode ver o desenrolar das sessões, acompanhar os votos, ver os debates, enfim, sentar em frente à tevê como se estivesse no plenário do tribunal. Com a abertura de espaços na internet os portais e sites também transmitem, e assim é possível acompanhar o trabalho dos ministros no celular, tablet, laptop, desktop e qualquer outro equipamento, em qualquer lugar do mundo.

Wal: De fato, a comunicação da Justiça teve um ganho extraordinário com as transmissões e muita gente pode aprender com os programas. O cidadão comum, aquele que paga impostos para manter o Estado, inclusive o Supremo Tribunal Federal, deve estar feliz ao constatar que, como disse Goethe, quando se faz o justo, o resto vem por si só. É o que se espera do Judiciário. Poder perceber que a justiça caminha sozinha, não precisa de muletas ou de subterfúgios, é clara o suficiente para que qualquer um, com ou sem título acadêmico, possa entender. É possível acreditar, como disse Einstein, que quando alguém é uma pessoa de valor, certamente será bem-sucedido.

Irany: Isso deve deixar o nosso ex-herói, Macunaíma, mal-humorado. Ele pregou durante anos que sem malandragem, safadeza e canalhice não se chega a lugar nenhum neste país. Que para se chegar lá é preciso mentir, passar a perna no colega, espalhar mentiras sobre o adversário, espargir o ódio na comunidade, fingir estar ao lado da ética, construir um caráter falso. E que, uma vez alcançado o objetivo, tudo se ajeita, se acalma, se esquece, em nome de satisfazer a fome de riquezas, poder e bajulações pelos quais tanto se lutou. Enfim, a sucessão de um grupo pelo outro e a maneira como isso é feito estão muito longe do campo da ética e da lealdade ou do confronto de propostas. Nem todo mundo sabe quem foi Platão, mas todos sabem que um juiz não é nomeado para fazer favores com a justiça, mas para julgar os processos de acordo com a lei. Só assim ele poderá sair na rua, com sua família, de cabeça erguida, ou aparecer no vídeo com a expressão de dignidade. Outros tribunais deveriam seguir o exemplo do Supremo, e ter uma tevê, nem que seja uma web tevê, bem baratinha, com transmissão ao vivo das sessões de seus julgamentos. A Justiça, que para muitos é incompreensível e inacessível, deixaria de ter essa imagem. Certamente, muitos seriam despertados pelo alerta de Gandhi de que se alguém age contra a justiça e eu nada faço, eu é que sou injusto. Em outras palavras, não basta ser justo, é preciso ação, movimento, participação comunitária e cidadã para que a justiça vença sempre. Não basta pagar os impostos, é preciso agir.

Téo: É bom não esquecer que o nosso sistema político foi arquitetado para que ninguém se preocupe com os destinos do país, do estado e da cidade. Eles tomam conta de tudo por nós, e ninguém precisa se atazanar com nada. Nem com as obras, segurança, contas públicas, se a escola tem professor ou o posto de atendimento tem médico. Eles resolvem tudo, fazem a máquina estatal funcionar, gerenciam a cobrança dos impostos e elegem quais são as prioridades sociais. São os guardiões do cofre público, e responsáveis pelas contratações e demissões. Decidem também quem vai assinar o contrato para a construção de uma ponte, uma creche ou uma nova sede para o poder, seja ele qual for. Fazem as licitações para a aquisição de veículos, contratação dos motoristas e dos postos que vão abastecê-los. Tudo precisa estar na mais perfeita ordem para transportá-los seja lá para onde for. Não amolam o cidadão com consulta de qualquer espécie. Tudo o que o contribuinte tem que fazer é pagar os impostos em dia e passar o domingo de papo pro ar em uma praia poluída. Nem todos podem desfrutar dos paraísos onde eles se escondem no final de semana.

Lia: Não sei se estamos falando do mesmo "eles". O único incômodo é que eles esqueceram de tornar o voto facultativo e por isso querem que todos legitimem a escolha deles. Ainda assim o cidadão é informado de que se faltar à eleição vai pagar a incrível multa de R$4. Pior do que isso é pegar um congestionamento e ficar na fila do cartório criado por eles. Ninguém pergunta nada. Não é preciso. O sistema representativo é perfeito, o eleitor assina um talão de cheques em branco para que eles os emitam durante quatro anos. Nada de plebiscito, referendo ou outra forma qualquer de democracia direta. É para isso que eles existem, dedicando os melhores dias de suas vidas para representar o cidadão/contribuinte. Tudo se resolve nas câmaras, longe dos olhos do povo, que fica sabendo das decisões através da mídia. Ninguém pergunta como devem ser divididos os royalties do petróleo, a adoção de cotas, a criação de novas universidades, se a política energética vai ter mais ou menos usinas térmicas movidas pelo sujo carvão ou o caríssimo óleo diesel.

Wal: Agora entendi quem são "eles". São os eleitos que vivem de costas para quem os elegeu. Neste modelo de representatividade e democracia indireta que vivemos, a urna eletrônica é ideal. Aparecem os nomes dos representantes e o cidadão aperta o botão. Pronto, acaba de assinar o cheque eletrônico, que eles já transformaram em um cartão de crédito corporativo. Ninguém palpita sobre nada. Não é necessário, com tão sábios representantes nos parlamentos municipais, estaduais e federal. Eles são detentores de uma procuração que pode até mesmo derrubar um governante, declarar guerra, ou reescrever a constituição. Nela não podem faltar nem a exclusividade da representatividade nem a obrigação do voto para legitimar o processo. O povo opina pela boca de seu representante, mesmo que não saiba exatamente quem é ele, uma vez que o sistema proporcional adotado proporciona a eleição não se sabe de quem. Todos querem ser "eles". Ninguém quer ser "nós". E se houver qualquer tentativa de se adotar qualquer procedimento participativo direto, é preciso matá-lo ainda no nascedouro. Com tão dedicados representantes, todos podem ir dormir hoje em segurança. Nada nos faltará.

Ari: Vamos falar um pouco mais do nosso mundo corporativo. O Estado está aprendendo tardiamente o que as empresas privadas já sabem. Com o advento das redes sociais, o consumidor adquiriu um veículo de comunicação que nunca teve a sua disposição. Ele pode agora ter acesso a uma rede social e fazer comentários, críticas, postar vídeos, ou ter uma publicação online regular. Algumas manifestações são tão boas que vão parar no YouTube. Os links triscam as redes de cabos de fibra ótica e chegam a lugares nunca dantes navegados. Entre os exemplos de maior sucesso estão o vídeo da geladeira[2] ou os clipes do Canal do Otário[3]. Milhares de pessoas viram os vídeos e repassaram para outras mil, que passaram para milhares e por aí vai. O impacto, como diz aquele especialista em crise corporativa, vai bater diretamente na marca. Ou seja, atinge o ativo intangível mais valioso da empresa. O logotipo, representante da marca, é jogado na lama e muitas vezes atacado a golpes de mouse.

Irany: Além do consumidor, o cidadão também se faz presente na internet. De posse de uma página no Facebook é possível denunciar a tibieza dos serviços prestados pelo Estado. O primeiro passo é ter consciência de que, assim como pagar imposto é um ato de cidadania, cobrar e fiscalizar também o é. Mas, o que fiscalizar? A garota Isabela postou fotos e relatou, em sua página no Facebook, a precariedade das instalações e infraestrutura da

---

[2] Um consumidor comprou uma geladeira e ela não funcionava. Como a fabricante não trocava o produto, o consumidor fez um vídeo caseiro desancando o vendedor. Uma produção artesanal, caseira, mas que teve milhares de visualizações.

[3] Canal do YouTube criado para denunciar propaganda enganosa cometida por empresas e políticos. Atualmente, tem também um site, o http://www.canaldootario.com.br.

escola pública municipal em que estuda, em Florianópolis, provocando duas dores de cabeça. Uma na dela, que passou a ser perseguida por diretores e professores da escola. A outra, nas autoridades, pois a repercussão foi tão grande que chegou ao conhecimento da grande mídia. Isabela se tornou um exemplo de cidadania e participação. O Estado não gosta de ser exposto, tenha ele a cara de uma escola ou de um posto médico. Uma médica de Goiânia fez o mesmo. Publicou no Facebook as deficiências do posto. Falta tudo para atender os pacientes do SUS, que são cidadãos e contribuintes.

Téo: Mais importante do que usar uma rede social, é saber transformá-la em instrumento de cidadania para cobrar os agentes, sejam eles privados ou públicos. A reação do setor privado quando exposto às redes sociais é imediata, uma vez que isso pode impactar diretamente no faturamento da empresa. Já o Estado não tem essa preocupação, especialmente se o fato ocorrer em um período sem eleição. Um apagão, por exemplo, que é responsabilidade do Estado, tem pouquíssimas possibilidades de atingir a "marca" do Estado. Ela é difusa, as acusações entre poderes, estatais, prefeituras, governos estadual e federal se perdem no emaranhado que enche a cabeça do cidadão. Contudo, todos querem estar bem na tela, especialmente no Facebook, que se transformou em espaço público para debates, contestações, reafirmações e protestos, seja lá contra quem for.

Ari: Creio que o contribuinte deve estar satisfeito com a utilização dos impostos que recolhe para manter uma emissora de tevê pública. Alguns acham que há funcionários demais, um ou outro apaniguado indicado por uma autoridade, mas o serviço que ela presta é de grande relevância para a cidadania e o desenvolvimento da democracia no Brasil. Desde que a TV Justiça entrou no ar, melhorou o conhecimento da população em geral a respeito do Poder Judiciário, sobretudo do Supremo Tribunal Federal. O STF é uma instituição desconhecida para muitos, e pouco conhecida para outros. Aqueles homens togados, discutindo e votando em um local solene, devagar foi se tornando familiar para muita gente. Depois de algumas sessões já era possível reconhecê-los pelo seu nome mais forte. Ela é a tevê do Poder Judiciário, um dos três que formam a República Federativa do Brasil e nem sempre lembrado, já que, por questões históricas, ou desconhecimento, o Poder lembra sempre o Presidente da República. Desde que ela entrou no ar a cidadania brasileira ganhou um novo espaço.

Wal: É verdade que os temas tratados nem sempre são populares e, no mais das vezes, não atraem a atenção do público em geral, como já foi dito aqui. Mas há também, no canal, programas especializados que ajudam na formação de estudantes de direito e aprimoram advogados, prestação de serviços, noticiário diário e até mesmo dão dicas para entender melhor como funciona a justiça no Brasil. É uma emissora pública subordinada a um dos poderes da república. Está à disposição de todos, uma vez que é um canal aberto, está disponível no cabo e é facilmente captada pelos milhões de antenas parabólicas espalhadas pelo Brasil. Mesmo nas casas mais pobres é possível ver a TV Justiça. Com a transmissão na internet, sites reproduzem as imagens e ela se globalizou, como todos os veículos de comunicação da atualidade. Pode ser acompanhada em qualquer lugar do mundo, repito, em um computador, tablet, laptop, celular, ou qualquer outro *gadget* do tipo. Com o julgamento do chamado Mensalão, a TV Justiça proporcionou um grande espetáculo. Um santo espetáculo.

Lia: Quer uns gostem, outros não, foi possível acompanhar as denúncias do Procurador-Geral da República, as defesas de advogados famosos e os debates entre os ministros. Julgamento com condenações, absolvições e apenamento chamaram ainda mais a atenção do cidadão comum. Graças a essa janela no Supremo, qualquer um pode formar juízo sobre as ações de cada réu, apoiar ou criticar o julgamento dos ministros e se envolver no desenrolar do processo. Isto certamente contribuiu para que as pessoas exercessem seu espírito crítico, debatessem com seus amigos e emitissem um juízo sobre este ou aquele réu ou ministro. Um exercício de educação e cidadania com características pedagógicas, graças à televisão. Nunca tantos outros veículos de comunicação retransmitiram a TV Justiça como no caso do Mensalão, o que a tornou ainda mais assistida e familiar. O espetáculo teve um roteiro grandioso, atores motivados, direção competente e casa cheia em todas as sessões. Um bom espetáculo. Uma exposição midiática do bem. É possível, daqui para a frente, antever que outros assuntos serão acompanhados pela população e, com isso, a inércia cidadã do passado vai dar lugar a uma ação afirmativa em prol da construção da democracia que todos merecem.

Téo: O que se espera é que a justiça funcione em grandes ou pequenos casos. Vejam este caso. Um casal de turistas resolveu pichar uma grande pedra na praia Branca, no Guarujá, em São Paulo. Levaram para a praia uma lata de tinta branca e pintaram nela, em letras garrafais, uma espécie de sigla: ABC. Provavelmente, uma alusão à região onde moram. O ato de vandalismo e falta de cidadania revoltou os moradores, que pediram a eles que limpassem o que sujaram. Como o casal de vândalos se recusou, foram pichados com tinta preta e tiveram que abandonar a praia sob apupos. Casos de vandalismo como esse, infelizmente, são comuns. Na opinião de vocês, como deveriam reagir os moradores da praia? Deveriam chamar a polícia? Ou fazer justiça com as próprias mãos?

Irany: Nada disso, é melhor a gente voltar para o mundo corporativo. Há eventos que uma empresa privada ou pública pode patrocinar sem causar conflito de interesse. Que mal há em uma corporação apoiar uma formatura, ou um evento esportivo? Tal apoio certamente vai promover sua marca, associá-la a atividades ligadas à educação, saúde, bem-estar, modo de vida, e levá-la a faturar em imagem e até mesmo em vendas. Seus nomes estão sendo divulgados, seja no campo de futebol de uma pequena cidade do interior, seja nos uniformes de grandes ídolos olímpicos. Os gestores de marketing analisam os eventos e avaliam se vale ou não a pena investir na exibição de sua marca. Com certeza, as empresas que levam a sério o *compliance* têm cuidado de não atropelar questões legais e éticas quando investem em patrocínios. Há eventos que as empresas não podem patrocinar. Um congresso de jornalistas, se for patrocinado, pode provocar um conflito de interesses?

Wal: Opa, teoricamente, podem patrocinar, sim, mas como um jornalista pode fazer reportagem isenta sobre uma empresa que patrocinou o último encontro da categoria? É capaz de separar as coisas? Ele pode receber um telefonema do diretor de marketing de uma montadora que cedeu os carros para transportar os congressistas, pedindo que a matéria não bata firme na empresa. Afinal, ela é amiga dos jornalistas, colabora, patrocina, até comparece no congresso para relacionar-se com eles. Os assessores de imprensa das empresas ficam atentos a esses eventos, e não perdem a oportunidade de uma aproximação com os operadores de notícia.

Ari: Suponha um congresso nacional de juízes. Para não configurar um evidente conflito de interesses, a direção da associação dos magistrados opta por pulverizar os patrocinadores. Um grupo, composto por 16 empresas, banca o evento para 1.500 juízes. Uma das empresas patrocinadoras tem contra si vários processos que serão julgados por esses mesmos magistrados. Será que o julgamento será isento, mesmo tendo o juiz recebido hospedagem em hotel de luxo, alimentação, shows e outras recreações, tudo pago por ela? Assim como os diretores de marketing estavam presentes no congresso de jornalistas, os diretores jurídicos certamente também compareceram ao encontro de juízes. Para impedir que haja qualquer suspeita de influência, os participantes deveriam pagar as despesas de seu próprio bolso. Salários baixos não justificam patrocínios que possam constranger congressistas, afinal, nenhuma empresa investe em um evento dessa natureza, e investimentos têm que gerar, necessariamente, resultados.

Lia: Aparentemente, o Brasil era um país de múltiplos partidos políticos durante a chamada República Velha. Até a tomada do poder pelas oligarquias dissidentes, lideradas por Getúlio Vargas e seus companheiros, o poder político se concentrava no Partido Republicano. Ele existia em praticamente todas as unidades da República dos Estados Unidos do Brasil, fundada em 1891 com a promulgação da primeira Constituição Republicana. Ainda que existisse nacionalmente, o PR não era um partido nacional. Em cada estado havia uma oligarquia que dirigia com mão de ferro o partido e indicava candidatos, se apossava dos postos públicos, exilava os resistentes e castrava a oposição com mecanismos carinhosamente conhecidos como "degola". Na prática, o Brasil, por mais paradoxal que pareça, era um país de partido único.

Irany: Temos consciência de que tudo se resolvia sob o chicote dos que tinham o poder nas mãos, obtido pela violência, corrupção, poder econômico ou hereditário. Essa constelação que formava um único partido tinha setores líderes que dominavam o Poder Executivo e negociavam no congresso as maiorias para que os projetos de interesse da elite pudessem ser aprovados com uma mínima aparência de democracia. Era um jogo aceito por todos. O arco de alianças, ou base governista, ou maioria confortável, eram mantidos graças ao poder federal de concentrar recursos e utilizá-los para manter os estados sob o controle federal. Aos municípios competia ficar dependentes do governo estadual. Era uma armação bem estruturada que mantinha a oposição acuada em um canto do parlamento, sem benesses, cargos públicos ou verbas federais. Por isso, vez ou outra, os oposicionistas, ou setores deles, tentavam um levante armado a que chamavam de revolucionário. Ser revolucionário consistia em pegar em armas para tentar tirar o poder de um grupo de oligarcas e colocá-lo nas mãos de outros. O domínio do edifício do poder estava nas mãos das oligarquias paulista e mineira, ao qual os historiadores chamaram de "política do café com leite".

Téo: Se me lembro bem, não existia um programa nacional do Partido Republicano. Variava de estado para estado, de núcleo para núcleo. Uns eram mais positivistas que outros. Era uma confederação de partidos sob o mesmo nome, que vivia, simultaneamente, no centro e na sombra do poder. Um verdadeiro ônibus que mantinha as estreitas portas abertas para outras camadas da população, como profissionais liberais, representantes das classes médias, ou mesmo militares. Era o alicerce e o topo do edifício do poder. Lembra muito o atual PMDB. Nada tão antigo, tão histórico e tão ultrapassado. Passado e presente convivem hoje no parlamento, ainda que, aos poucos, a população comece a identificar as ações, não mais apenas pelos nomes dos caciques, mas do partido. Para o bem ou para o mal, os partidos ganharam personalidade própria, no sentido de representarem visões específicas de ações políticas e de administração da coisa pública. Isso pode levar setores da sociedade a votar ou vetar uma agremiação, com a vantagem que hoje, graças à tecnologia digital, é muito mais difícil fraudar as urnas do que na época da eleição "a bico de pena".

Ari: Só para encerrar este encontro lembro que, no ano passado, pagamos R$840 milhões para os partidos realizarem a campanha eleitoral no rádio e na tevê. Isso mostra que o horário gratuito só é de graça para a penca de partidos, sendo custeada pelo contribuinte. Esses mesmos partidos já tiveram o caixa reforçado com o Fundo Partidário, também bancado por nós. Portanto, já há financiamento público parcial da campanha de Suas Excelências. O Supremo decide proibir as empresas de darem mais dinheiro para os partidos. Com isso, eles têm que recorrer às doações individuais ou ao caixa do governo. Na opinião de vocês, o que é mais barato: financiar a campanha deles ou permitir que façam um troca-troca com as empresas que bancam os candidatos?

HERÓDOTO: Bom, por se tratar de um diálogo, sem uma pauta estabelecida ou um roteiro combinado, os temas vão e voltam. Isso não é ruim. É melhor a espontaneidade das opiniões do que um programa rígido. Vamos ver o que vai dar no próximo encontro.

Quintas Provocações

Na quinta reunião do grupo de executivos, tive dificuldades em evitar que assuntos de política partidária tomassem conta dos debates e narrativas. Talvez influenciados pelo noticiário sobre a situação do país, vez por outra um ou outro caso veio à tona.

Na democracia brasileira, a renovação dos cargos eletivos acontece a cada dois anos. A cada quatro são escolhidos o presidente, governadores, senadores e deputados federais e estaduais. Uma vez, dois senadores. Na outra, um. Isso ocorre porque, como o mandato dos senadores é de oito anos, o Senado se renova em dois terços e um terço a cada quatro anos. No meio de uma eleição e outra, os eleitores escolhem os prefeitos e vereadores. O volume gasto para eleger essas milhares de pessoas é obtido através das contribuições de empresas, doadores, negociadores e investidores de toda ordem. Um montante razoável de dinheiro que nem mesmo a justiça eleitoral é capaz de avaliar, uma vez que no meio desse cipoal se desenvolveu mais uma das jabuticabeiras brasileiras. O caixa dois tropical é uma invenção genuinamente nacional e bate de longe essa instituição em outros países do mundo em produtividade, inventividade e efetividade. Certamente é mais uma contribuição para o desenvolvimento da democracia e do conhecimento universal.

Em ano eleitoral, o destaque é para dois personagens: os eleitos que querem a reeleição, e os caciques donos dos partidos. Muitas vezes, essas duas situações são exercidas pelo mesmo político. Os donos de partido têm o domínio do tempo na mídia, o horário obrigatório. Com isso, são eles que determinam como e onde os candidatos vão aparecer e com que frequência. Priorizam os chamados "puxadores de votos" e, com isso, excluem os demais. Outros preferidos também recebem um bom quinhão na propaganda, muitos deles alimentadores do caixa dois. O cacique faz as vezes de um verdadeiro senhor feudal, ou capitão donatário. Hoje, ser dono de um partido é melhor do que ter um cartório de notas ou de registro. Com a vantagem de que os servos da gleba, ou do voto, são substituíveis a cada eleição e novos contribuintes sempre estão chegando. O cacique só não fica no balcão, ao lado do caixa, porque faz parte da jabuticabeira a discrição, o subterfúgio e os métodos para enganar o fisco. A legislação eleitoral vigente ajuda muito nesse árduo trabalho. Não é de se espantar, pois foram eles mesmos que a elaboraram.

Os pretendentes a novos políticos são movidos por ideais ou por patrocínio. Uns entram ingenuamente e ficam felizes quando são aceitos em uma legenda. Nem sempre gratuitamente. Mal sabem que são massa de manobra, ou buchas de canhão, como se dizia na época da ditadura. Juntam dezenas, centenas ou milhares de votos e raramente conseguem se eleger. No entanto, como na história da galinha que enche o papo de grão em grão, engordam a sigla. Fazem legenda, como dizem os jornalistas que acompanham as apurações. É ela que vai determinar quantos cargos proporcionais vão ser ocupados pelo partido. A soma dos nanicos, desconhecidos, idealistas, sonhadores, palhaços e malabaristas é responsável pela eleição ou dos caciques ou dos que vieram abastecidos com jabuticabas. Graças ao caixa dois, estes são eleitos com poucos votos nos parlamentos municipal, estadual e federal. São imprescindíveis para os negócios com os cofres públicos. Remuneram com folga os investimentos feitos e, de quebra, se tornam olheiros de novas oportunidades, abridores de portas de gabinetes ou abafadores de pequenos focos de incêndios provocados pela descoberta de corrupção. São verdadeiras frutas em botão, que é o significado do termo indígena jabuticaba.

Ari: Quero lembrar que os líderes autoritários e totalitários reservaram parte das verbas de publicidade do Estado para se autopromoverem. Nasceu daí um culto à personalidade que idealizava as qualidades do líder e o tornava um quase deus. Suas fotos eram afixadas nas paredes de prédios públicos, nas salas de aula, nas estações de transporte, nos grandes outdoors das principais praças, nas fábricas, e o auge era reservado para os dias de festas. Nas festas nacionais o maior cartaz da comemoração era a imagem do grande líder. Fosse ele um timoneiro ou um professor renegado, ou ainda um pintor fracassado, lá estava sua foto, grande o suficiente para que soldados desfilassem sob ela. Os líderes eram vistos como verdadeiros pais dos pobres, redentores do povo, transformadores da sociedade, enfim, um semideus. Lá estava ele, passando as tropas em revista, preparadas para uma guerra não se sabe contra quem. Já nas democracias o culto à personalidade ou não existia, ou, quando muito, durava uns quatro anos, porque havia eleição e a rotatividade do mandatário.

Lia: Felizmente, passados os períodos de grandes líderes autoritários, e com o desenvolvimento da democracia, o Estado deixou de investir grandes verbas para enaltecer o chefe supremo. Sobrou uma foto do chefe do executivo em repartições públicas, mas nada que lembre o culto do passado. No entanto, o nome do governante, fosse ele um prefeito, governador ou presidente, era destacado nas placas de obras públicas. Elas já estavam embutidas nos preços das obras, e as empreiteiras, contratadas em licitações escabrosas, as colocavam no local mais visível. O valor também constava nas placas, para que o contribuinte tivesse uma ideia do que estavam fazendo com seu dinheiro. Depois, com a proibição, o nome do governante de plantão deixou as placas e as pinturas dos carros oficiais, ambulâncias e outros outdoors ambulantes.

Téo: É verdade que a propaganda, hoje em dia, se resume a "esta é mais uma obra do governo municipal, estadual, federal". Acompanha a frase, a marca escolhida pelo governante para seu período à frente do poder executivo. As verbas públicas destinadas a "divulgar informações para o público" são imensas. A publicidade estatal deixou de ser uma exaltação do líder e virou uma moeda de troca por reportagens favoráveis ao governo, destaques para o time governante e fotos e espaços generosos para o chefe do executivo. Com isso, o Estado influencia a mídia e divulga o que não precisa ser divulgado.

Irany: Mais curioso é que engana o contribuinte e os Tribunais de Contas justificando que "precisa informar a população". Faz propaganda com o dinheiro do contribuinte como se ela fosse tão necessária como o é para as empresas privadas. As informações relevantes são publicadas na mídia, tradicional ou cibernética, gratuitamente, porque são prestações de serviço público. A mídia não faz mais do que sua obrigação em divulgar. São concessões públicas, não precisam receber verbas para anunciar que no sábado vai haver uma campanha de vacinação. Mas o Estado é vaidoso, reflete a personalidade do governante que embute em seus anúncios, ardilosamente, a campanha para a eleição seguinte.

Wal: Por exemplo, uma campanha para a erradicação do mosquito da dengue. Mas o Estado é tão complexo que, muitas vezes, nem ele conhece a si próprio. Por isso, entra em contradição consigo mesmo. O Estado, através de seu gestor, o governo, decide que vai baixar as tarifas de luz, consideradas uma das mais caras do mundo. O momento certo para anunciar uma medida de ampla repercussão popular é no final do ano. Antes mesmo das concessões das atuais geradoras vencerem, o Estado propõe que só vai haver renovação se houver uma queda no preço da tarifa, uma vez que as empresas já tiveram seus investimentos amortizados ao longo de trinta ou mais anos. O reflexo imediato foi que as ações dessas empresas caíram na bolsa e puxaram o pregão para baixo.

Téo: Só para ficar claro, houve reações das empresas concessionárias por dois motivos. Segundo seus gestores, a remuneração proposta para renovação da concessão não compensaria, não cobriria a operação e investimentos complementares realizados após o ano 2000. Outra razão é que essas empresas são grandes cabides de empregos, estão na área de ação de grupos políticos poderosos que gravitam na base de apoio do governo.

As concorrências dos fornecedores são escabrosas e as propinas generosas. As concessionárias são estatais mas se rebelam contra o Estado, seu proprietário em última instância. Como pode uma empresa estatal se rebelar contra o Estado, se pertence ao Estado? Este tem a maioria do capital votante e, portanto, a gestão da empresa. O faturamento dela vai para o tesouro, que é do Estado, e então, seja qual for a tarifa, o resultado vai para os cofres do Estado.

Ari: É bem verdade que setores da aristocracia industrial aproveitam o momento para apoiar a decisão do Estado de baixar tarifas, uma vez que são diretamente beneficiados com a queda no preço desse insumo. Além disso, aproveitam para criticar duramente as estatais, uma vez que são privativistas. Ora, em vez de criticarem o Estado, proprietário, gestor e beneficiário das concessionárias, criticam as empresas estatais. Um contrassenso, uma vez que tudo emana dele. A resistência se deu em empresas estatais federais e estaduais, mas que, de uma forma ou de outra, pertencem ao Estado, ou seja, ao povo.

Lia: O povo paga uma tarifa alta de energia a empresas que são propriedades do povo. Dá para entender? Dá, é claríssimo. Só fica confuso quando o governo, que se diz de esquerda, resolve vestir a armadura do Santo Guerreiro Contra o Dragão da Maldade e se atira contra sua própria lua. E a burguesia tece loas ao ataque contra o estatismo.

Wal: Tenho reparado que está cada vez mais difícil encontrar pessoas em locais públicos lendo jornais e revistas. Mesmo no transporte de massa, onde era comum os passageiros lerem, agora o que se vê são tablets, iPhones e os jornais gratuitos que são distribuídos nas estações do metrô, trem ou ônibus. Na Europa e nos Estados Unidos, a venda de jornais impressos em tinta e papel caiu 17% nos últimos cinco anos. Alguns veículos impressos partiram para o burlesco ao utilizar chamadas bizarras para atrair o consumidor de banca ou de assinatura. Outros partiram para explorar a invasão da privacidade das pessoas, e não faltam personagens dispostos a se expor em situações degradantes em troca de alguns minutos de fama. A queda do consumo de jornais é um fenômeno mundial e vem na esteira do desenvolvimento de outras plataformas digitais. Quem vai comprar alguma coisa que lhe é oferecida de graça?

Téo: De fato, os sites, as redes sociais e seus derivados oferecem notícias de graça. As novas tecnologias de comunicação ameaçam não só as empresas, mas os próprios jornalistas. Como a nossa colega Wal. Eles não sabem qual é o futuro que têm pela frente diante de tanta mudança e de tanta notícia pousando nos mais diversos *gadgets* internáuticos. Alguns jornais deixam de existir, como o *Jornal da Tarde* de São Paulo, outros migram para a internet, como o *Jornal do Brasil*, a revista *Newsweek*. Até mesmo o analítico *Le Monde Diplomatique* já anunciou que irá para a web, diz Serge Halimi, diretor do jornal. Donos de bancas e pequenos livreiros também estão ameaçados com a mudança dos paradigmas da comunicação. Em breve, outras plataformas tradicionais também serão sugadas para o universo virtual do online.

Wal: Compreendo que a mudança acontece, gostemos ou não. Não há volta, não há como escapar da aceleração do processo histórico que galopa nas mudanças tecnológicas como nunca se viu na história da humanidade. Quem vai bancar essas mídias na internet? Como suportar economicamente um site de notícias se os anunciantes preferem os mecanismos de busca? Google, Facebook e outros buscadores batem recordes de faturamento. Mas não produzem, ou produzem muito pouca notícia. Diante dessas transformações, o jornalista Paulo Rodolfo e o Heródoto Barbeiro lançaram um manual de jornalismo focado na influência das novas tecnologias. Mostram que a tecnologia é um meio, não um fim, e que um site informativo serve para aprender, compreender, pensar criticamente e fiscalizar o poder, da mesma forma que os tradicionais revistas e jornais, sejam eles tabloides ou jornalões.

Irany: E a questão da apropriação da coisa pública, então?! Há casos conhecidíssimos de políticos que receberam o troféu Peroba de Ouro. Um exemplo da cara de pau é um velho conhecido da política brasileira. Recentemente, o senador Renan, presidente do Senado, utilizando um jatinho da FAB, voou de Brasília para Recife para fazer um implante capilar em sua careca. Ficou com uma cabeleira tipo Zé Bonitinho. Pressionado pela repercussão do caso, pagou a viagem do próprio bolso. Por pouco o povo não pagou para ele ficar mais bonito. Ainda não se sabe se o tratamento foi coberto pelo plano de saúde, sem limites de gastos, que todos eles têm. Dinheiro que também sai do nosso bolso. Mas é de responsabilidade do contribuinte arcar com o tratamento de beleza de nossos políticos?

Lia: O que se espera da evolução de nossa espécie é que o instinto bestial do ser humano fique cada vez mais sob controle. O respeito pelo próximo, as conquistas sociais, o desenvolvimento cultural e o acúmulo de conhecimento são as marcas que a humanidade deixou ao longo de séculos e séculos de civilização. Entre os atributos desse avanço estão o esporte e o entretenimento. Em determinado momento, um se funde com o outro. O exemplo mais recente foram os Jogos Olímpicos de Londres. Milhares de pessoas lotaram os estádios e bilhões os assistiram por todo o mundo graças à TV e internet. Uma das características do esporte é a ética, o respeito pelo adversário e pelo público. O *telecatch*, um show de televisão, nunca foi uma competição esportiva. Foi um espetáculo de circo veiculado pela televisão.

Ari: Se me lembro bem, o grupo de lutadores era sempre o mesmo, não havia acesso ou descenso por campeonato e as categorias eram determinadas em função do peso do corpo. Uma diversão que podia ser apreciada nos estúdios, em circos, ou em casa. Crianças e adultos ficavam eletrizados. Havia um sentido ético, o lutador do "bem" sempre vencia o do "mal". Alguns se apresentavam fantasiados, o que estimulava ainda mais a imaginação do público. Havia os "mocinhos" e os "bandidos". Estes começavam ganhando, usavam golpes "baixos", desafiavam a torcida adversária, ameaçavam abandonar o ringue e brigar com a plateia, revoltavam-se ou eram protegidos pelos juízes e... perdiam a luta. Uma grande diversão. Muitos viviam disso: lutadores, empresários, publicitários e toda a infraestrutura do espetáculo. Havia um tom de ingenuidade nos combates, que só atingiam de fato os contendores se o ensaio não tivesse sido bem-feito.

Téo: Tudo era combinado. Por não se tratar de um esporte, mas de um espetáculo, o *telecatch* não tinha o compromisso da competição. Diferente de uma olimpíada com lutas greco-romana, boxe, judô, taekwondo, etc. O princípio básico, seja do espetáculo, seja da competição, é não ferir o adversário. O respeito ao adversário é tão antigo quanto os jogos gregos, e nada tem a ver com os espetáculos de violência da era romana no Coliseu. O desejo desenfreado de acumular riquezas a qualquer custo, mesmo passando por cima da dignidade humana, motivou a criação da luta MMA, uma selvageria apelidada de esporte que explora os baixos instintos hoje confinados às lutas virtuais de games na internet.

Wal: Ele existe graças a uma grande ação midiática promovida por patrocinadores alucinados, empresários sem escrúpulos e publicitários bestiais que endeusam a violência. Dois contendores confinados em um octógono se agridem ferozmente como dois animais. Ganham cinturões, dinheiro, viram celebridades e são curados dos ferimentos em hospitais de ponta. É o vale-tudo no mau sentido. É um retrocesso na civilização. Por essa razão, o MMA é proibido em alguns países e exibido na tevê brasileira de madrugada. Ainda assim, com grande índice de audiência. É um atestado de insanidade, como tantas outras que praticamos depois de séculos de "civilização". Isso nos dá a oportunidade para reflexão sobre um comportamento social e a comparação entre duas épocas balizadas pelas lutas na televisão. Só um detalhe: vamos dar um desconto para o que diziam dos lutadores do *telecatch*, a maioria deles era incapaz de matar uma barata.

Irany: Voltando ao mundo corporativo, uma vez por ano a Volkswagen da Alemanha realiza uma reunião com seus acionistas para prestação de contas. Lá existe um grupo conhecido como Associação dos Acionistas Críticos que faz perguntas incômodas. Seus membros não deixam passar nada. Neste ano, querem saber qual foi a contribuição que a empresa deu para o regime militar brasileiro. É um bom exemplo a ser seguido pela Petrobras. Essa estatal deveria fazer uma reunião com espírito semelhante e convocar todos os acionistas da empresa. Os grandes e, também, os pequenos que tiraram o saldo do Fundo de Garantia para aplicar na empresa. Por aqui, as assembleias de acionistas são coisas misteriosas, reservadas apenas para os especialistas. Os pequenos investidores recebem uma cartinha que é mais uma comunicação do que um convite para participar. Não seria possível no Brasil os acionistas da Petrobras se juntarem e formarem uma Associação dos Acionistas Críticos?

Lia: Já que voltamos ao mundo corporativo, me veio à cabeça uma história muito interessante. Aos 40 anos, King Gillette era um inventor frustrado, um anticapitalista amargurado e um vendedor de tampas de garrafa. Um dia, quando fazia a barba com uma navalha tão gasta que já não podia mais ser afiada, teve uma ideia. Em vez de perder tempo afiando a navalha, as pessoas as descartariam quando perdessem o fio. Alguns anos depois nasceu o aparelho de barbear seguro, descartável e barato. Colocou o próprio rosto na embalagem e conseguiu um contrato com o exército americano. Com isso, difundiu o desejo do público de ter um aparelho prático e fácil de usar. Criou a demanda pelas lâminas descartáveis e se tornou uma potência. O nome dele virou sinônimo de um determinado produto: no Brasil se dizia "me dá uma gilete" e não "me dá uma lâmina de barbear".

Téo: O verdadeiro lucro dessa empresa vinha da alta margem de lucro das lâminas. Mas a inovação não parou por aí. A Gillette produziu o Prestobarba, com duas lâminas, depois com duas lâminas móveis, e atualmente existe aparelho de barbear com até cinco lâminas. Obviamente, o lucro com o valor agregado no produto é maior do que o número de lâminas. Tais ações mostram que um produto pode sofrer uma inovação incremental ou radical. King Gillette iniciou sua empresa com uma inovação radical, ao trocar a navalha pelas lâminas descartáveis. Deu continuidade ao crescimento do negócio ao proporcionar melhorias constantes no aparelho de barbear a ponto de torná-lo um ícone do consumo, um objeto de desejo dos homens de todo o mundo em função de sua praticidade.

Ari: Há outros exemplos de empresas e produtos que usaram um ou outro tipo de inovação separadamente, mas o exemplo da lâmina descartável hoje é recorrente: do telefone celular às sofisticadas máquinas de café que usam sachés caros que sustentam a lucratividade da máquina.

Wal: Também tenho um exemplo corporativo. João e Maria trabalhavam na loja Renner de departamentos. João se apaixonou por Maria e começaram a namorar fora da empresa. Flagrados de mãos dadas a caminho de casa, João foi demitido. A empresa tem um código de ética que proíbe namoros entre funcionários. João entrou na justiça e pediu uma indenização por danos morais. Ele alegou que o código de ética da Renner é inconstitucional. A Justiça deu ganho de causa a João e a loja foi condenada a pagar R$40.000 de indenização. Essa decisão foi correta ou não?

Ari: Sem querer ser politicamente correto, creio que todos concordam que a justiça acertou. Já ouviram falar em Jevons? William Stanley Jevons foi um economista inglês que viveu no século XIX. Ele observou que a maior eficiência das máquinas a vapor não diminuía o consumo de carvão. Na verdade, o aumentava, porque a maior eficiência levava ao maior emprego dessas máquinas na indústria e no transporte e, com isso, crescia muito a quantidade necessária de carvão. Em decorrência, a poluição aumentou e as cidades ficaram cinzas. A expressão "paradoxo de Jevons" passou a se referir a qualquer situação em que melhorias de eficiência levavam a mais consumo, e não a menos. Se o paradoxo for aplicado ao avanço das comunicações via internet, chega-se à conclusão que com o uso intenso do e-mail, Skype, Twitter ou Facebook, se gasta muito mais tempo transmitindo informações. Teoricamente, essas ferramentas economizariam tempo, mas sua eficiência nos faz mandar muito mais mensagens do que na época do telégrafo, telex, carta ou sinal de fumaça.

Wal: Há um outro exemplo, cruel, contado por Glaeser no livro *Os Centros Urbanos*. O economista faz um cálculo de quanto aumenta o consumo de gasolina com carros eficientes, que andam muito mais com menos combustível. O uso de um litro de gasolina produz aproximadamente 2,6kg de dióxido de carbono, o vilão do aquecimento global. De minha casa até meu trabalho rodo 3km com meu carro, cujo consumo é de nove quilômetros por litro de gasolina. Com um automóvel tão eficiente e confortável, considerando idas e vindas de minha casa na praia, gasto 80 litros de gasolina por mês. Logo, produzo 208kg de poluição. Sou um dos sete milhões de motoristas que se engalfinham nos engarrafamentos de trânsito que, sob um pretexto qualquer, chegam a mais de 200km em São Paulo. De uma chuva de verão a uma véspera de feriado. Ou por nenhum motivo específico.

Ari: O paradoxo de Jevons põe em cheque uma boa parte das ações de sustentabilidade das empresas. Muitas apoiam sua contribuição para o consumo sustentável com aumento de eficiência. Mas isso não que dizer que, necessariamente, estão economizando energia ou matéria prima. Em alguns casos, aumentam o consumo. É verdade que calibram um olho na economia que fazem nos insumos. A eficiência dos bebedouros em uma fábrica pode incentivar a corporação a instalar muitos outros e, com isso, aumentar o consumo de água. Por isso, é preciso avaliar corretamente se a eficiência alcançada se traduz em diminuição do uso de insumos e se isto está corretamente explicado nos vistosos relatórios de sustentabilidade que são distribuídos todos os anos.

Irany: Quando um trabalhador é demitido sem justa causa, tem direito ao seguro-desemprego. É um benefício importante e que tira muita gente do sufoco. Dura pouco, é verdade, mas segura as contas de casa até encontrar um novo emprego. No entanto, tem gente que arruma trabalho mas pede ao patrão para não assinar sua carteira. Ou seja, uma malandragem, pois ele recebe tanto o auxílio-desemprego como o salário. A justiça classifica essa atitude de estelionato. Logo, é crime passível de punição. Além de falta de cidadania, da qual tanto já se falou aqui, e que vale para funcionários da empresa privada e servidores públicos.

Lia: Vamos deixar claro o seguinte: uns chamam a privatização de concessão, outros chamam a privatização de privatização. Os primeiros são esquerdistas, os segundos são direitistas. O resultado é o mesmo, nos dois casos são bens públicos geridos pela iniciativa privada. Contudo, a explicação técnica é que se o Estado possui um bem e vende, privatiza. Se o Estado é detentor de um serviço e terceiriza, é concessão. O dilema foi fruto de uma contenda verbal entre a "esquerda" e a "direita". Segundo alguns, um governo de "esquerda" faz mais intervenções na economia, e o de "direita" é adepto do *laissez-faire*. No passado, acreditava-se que criação de empresas estatais era uma forma de garantir que uma atividade estaria sob controle do povo, o qual receberia produtos e serviços melhores e mais baratos, uma vez que o lucro não era o objetivo final. Ocorre que estatização também tem duas faces. Os governos socialistas e comunistas criaram estatais da mesma forma que os governos fascistas e nazistas. Há quem entenda que estatização faz parte de um acordo entre a burguesia nacional e o Estado para brecar o avanço do imperialismo representado pelas grandes corporações.

Téo: Antes que vocês me rotulem de "burguesão", afinal o que é "esquerda" e "direita"? No passado a distinção era notória. A esquerda advogava o socialismo, o fim da sociedade capitalista, com a expropriação das propriedades privadas, o fim da sociedade de classes e a ditadura do proletariado. A esquerda era anticapitalista. A direita, por sua vez, advogava a implantação de uma sociedade sem luta de classes, capitalista, totalitária, nacionalista, com todas as profissões protegidas por entidades de classes. Suprima-se a luta de classes. Também os sindicatos serviam à esquerda e à direita. Após o fim da União Soviética, a confusão ideológica dos partidos foi de tal ordem que esquerda e direita deixaram de representar suas origens. Foi preciso escrever entre aspas. A "direita" se autodenominou liberal, conservadora, e defensora da propriedade privada e do menor intervencionismo estatal possível. A "esquerda" se autodenominou socialista e abriu um amplo leque ideológico que abriga desde os partidários da social-democracia até os comunistas. Renunciou à tomada do poder pela força, da direção sob um partido único e tenta sob uma infraestrutura de prevalência social equilibrar uma superestrutura com eleições, liberdade de imprensa, diversidade de opinião e outras possibilidades não previstas nas teses tradicionais.

Irany: Eu concordo que há uma confusão quando se fala de ações de governos de "esquerda" e de "direita". Os termos não se coadunam mais com a realidade. Os partidos conservadores liberais sabem o que querem e combatem o que julgam contrário a sua doutrina. Os partidos de esquerda misturam ações que ora representam um capitalismo reformado, sob o controle do Estado, ora uma volta aos princípios originais. A confusão aumenta, ainda mais quando um entrevistado perguntado responde que é socialista. A segunda pergunta, "Qual socialismo?", ajuda a aprofundar a confusão porque cada um hoje tem uma resposta pessoal do que entende ser a esquerda.

Ari: Por exemplo, a universidade pública onde estudei é um bem de propriedade de todos. Seja ela federal, estadual ou municipal. É o contribuinte que mantém professores, pesquisadores, alunos e funcionários. Um grupo de alunos da USP recentemente ocupou a reitoria em um protesto. Durante a ocupação depredaram o prédio e sumiram com equipamentos. Acharam que, por ser uma escola pública, podiam vandalizar a escola. Afinal, o dono é o governo. Esqueceram que são os cidadãos que pagam impostos para manter tudo isso. Eles deveriam ser identificados e cobrados pelo prejuízo que causaram? Se não tiverem condições financeiras, os pais deveriam bancar a conta?

Irany: Sem dúvida deveriam ser responsabilizados, eu também estudei em escola pública. Mudando de assunto, é provável que encontrar um escrito de Voltaire possa ser considerado enfadonho e démodé. Afinal, seu *Dicionário Filosófico* data do século XVIII e talvez não tenha nada que interesse na era da internet. Ainda assim, uma afirmação do filósofo teima em atropelar o texto: "Que podem importar, à humanidade, a caridade, a modéstia, a temperança, a doçura, a sabedoria, a piedade... Se meus olhos, ao se abrirem pela última vez, veem a cidade onde nasci destruída a ferro e fogo, e se os últimos sons que meus ouvidos escutam são os gritos das mulheres e das crianças que morrem sob as ruínas?" Voltaire descrevia a situação da Europa de sua época e não os cenários da atualidade. Não podia imaginar que a política de terra arrasada, de genocídio de minorias, de destruição de casas que levaram muito tempo e trabalho para serem construídas, de crianças abandonadas em gigantescos campos de refugiados, de muros de concreto ou arame farpado separando famílias e gerando a desconfiança entre povos, enfim, dos bilhões gastos em armas de destruição em massa, se perpetuasse. O filósofo estava descrente do ser humano e da civilização construída ao longo dos séculos. Morte, fome, destruição, desesperança, poluição, destruição da natureza, consumismo exacerbado, miséria e outros males persistem no mundo contemporâneo.

Wal: Caramba, que descrição aterradora. Já é tempo das disputas se reduzirem às urnas, plebiscitos, referendos, eleições e consultas online. O desenvolvimento da tecnologia digital e as redes sociais na internet permitem que a maioria da humanidade, que já tem acesso à rede, possa opinar e aprender a respeitar a vontade geral expressa. Há uma possibilidade técnica de democracia local, regional, nacional, continental e mundial. Tudo está interligado nessa imensa mandala que é a internet, que se expande sem parar cada vez que um novo nó, um novo internauta, se liga à rede. A desgraça descrita por Voltaire estava confinada a uma roda de intelectuais que tinham acesso aos escritos dele. As barbaridades do mundo atual saltam das telas das tevês, dos computadores, dos smartphones, dos iPads. Ninguém pode fingir que não sabe o que se passa no mundo. As imagens, por si só, cobram uma ação do cidadão contemporâneo: a de se indignar e usar de sua capacidade de emitir opinião e pressionar os que dirigem o mundo em que vivemos.

Lia: Vocês se lembram dos chamados anões do orçamento, aqueles que provocaram um escândalo no país na década de 1990? Eles manipulavam as emendas orçamentárias no Congresso e embolsavam o dinheiro do contribuinte. Um deles, deputado João Alves, pego com muito dinheiro no banco, argumentou que tinha ganho na loteria. Pelo volume apreendido teria que ter ganho vinte vezes no jogo. Hoje, 0,1% dos presos são de corruptos ativos e passivos. Mais ou menos mil detentos. O número aumentou porque os juízes estão dando mais sentenças. São pressionados a decidir pelo Conselho Nacional de Justiça e pela população, que descobriu a arma das redes sociais.

Ari: O parlamento é formado por pessoas que foram escolhidas pela população para representá-los na direção do governo. Alguns acumulam os poderes executivo e legislativo, como nos países parlamentaristas. Nos presidencialistas, o Congresso, Assembleia, ou tenha lá o nome que tiver, exerce apenas o legislativo. Ainda assim é um poder importante, uma vez que tem a função democrática de fiscalizar o executivo, propor e votar projetos que podem ser transformados em leis. O Congresso tem o dever de ser a caixa de ressonância da sociedade, com todas as suas nuances e contradições. Para isso existe a pluralidade partidária e a liberdade de expressão, ou seja, ninguém é punido por expressar suas ideias, por mais exóticas e inflamadas que possam ser. O Congresso tem sua organicidade, sendo regido por um regulamento aprovado por todos.

Lia: Todos sabem que, no Brasil, Câmara e Senado elegem, cada qual, uma mesa diretora com mandato de dois anos. O presidente da Câmara é o terceiro na sucessão presidencial e, na ausência do presidente e do vice, assume a Presidência da República. Todos os parlamentares foram escolhidos diretamente pelos eleitores e, teoricamente, deveriam prestar contas de seu trabalho. O primeiro passo é a transparência de tudo o que é votado no Congresso, mas para isso seria necessário derrubar o instituto do voto secreto. Essa é uma luta que perdura há vários anos e a decisão tem sido empurrada para as calendas com a ação de alguns, conivência de muitos e a reação de muito poucos.

Irany: É conveniente para eles decidir atrás do biombo sem que os eleitores saibam exatamente o que seus representantes fazem. Os eleitores e a população não sabem como deputados e senadores votam para escolher o presidente de cada Casa. O processo é decidido pela "tradição" e partidos grandes e pequenos repartem os cargos das mesas diretoras e todos saem com uma parte do butim. Na medida que as pessoas acompanham pela mídia quem são os candidatos, sua biografia, passado político e processos que sofreram, passam a ter suas preferências. Querem o candidato A e não o B, mas não têm como intervir no processo. Os parlamentares viram as costas para a opinião pública como se não tivessem que dar satisfação a quem os elegeu. Sobra a rede social, o correio eletrônico, para que os cidadãos pressionem seus representantes. Os contatos pessoais entre representantes e representados só é viável com o voto distrital, e isto faz parte de uma reforma política pendurada na ponta do nariz do cidadão. Não chega nunca, ainda que faça parte do programa dos candidatos que concorrem à presidência da Câmara e do Senado. Há necessidade de uma rebelião santa do chamado "baixo clero", da maioria dos parlamentares que apenas assistem os cardeais se apossarem do controle do parlamento.

Téo: É uma pena que a maioria esmagadora do povo brasileiro não tenha nenhum partido político. Apenas 40% das pessoas declararam apoiar alguma legenda. Não necessariamente como filiados, mas votando nesta ou naquela por uma identificação qualquer. Montar um partido não é um bicho de sete cabeças. Bastam umas quinhentas mil assinaturas. Com tanta gente sem nenhuma filiação, ninguém precisa abdicar de suas convicções para apoiar o surgimento de uma nova legenda. Os delegados estaduais e municipais pedem para os amigos e os amigos dos amigos, instalam uma banquinha na praça e em pouco tempo o número mínimo é alcançado. Por sua vez, os delegados são recrutados entre possíveis candidatos às próximas eleições e estão à cata de legenda de votos.

Ari: Não se pergunta qual é o programa, a ideologia, a visão que o partido tem da sociedade brasileira. Depois de atendido o interesse imediato do participante, a questão seguinte é saber quem é ou quais são as estrelas do partido. Quem é o puxador de votos. Quanto o fundo partidário vai pôr de dinheiro público no novo partido. Quanto tempo de rádio e televisão vai poder usufruir. E por aí vai. Montam as comissões provisórias nas cidades, geralmente com parentes ou amigos que assinam a ata apenas só para constar, e tudo está conforme a lei. Não é à toa que existem no Brasil mais de trinta partidos. Israel também tem, mas em outro contexto. A cúpula partidária passa a se encarregar de dar as diretrizes do partido e se forma uma oligarquia que se perpetua no poder. Não há disputa de grupos ou de correntes políticas. Há sempre uma composição que segue a máxima corporativa que o melhor é o ganha/ganha.

Téo: Como eu disse, a minoria da sociedade brasileira declara que é filiada a um partido. A grande maioria desconhece até mesmo o que significa a sigla. Estatuto e programa poucos leem. Pouquíssimas pessoas se dispõem a fazer um trabalho voluntário para angariar adeptos, convencidos que as soluções que o partido tem para os problemas da cidade, do estado ou do país são boas ou podem ser melhoradas. Há um marasmo geral, seguido de letargia política e falta de interesse. Falta massa crítica de filiados e apoiadores. Os partidos não são lembrados nem nas eleições. O eleitor lembra do partido do fulano ou do ciclano, ou seja, escolhe pela pessoa e não pelo partido. Salvo exceções, é claro. Isso faz os partidos terem uma participação pálida no processo democrático, quando deveria ser o contrário. É nesse batidão que alguns esperam a reforma política do Godot.

Wal: De Godot? A Câmara Municipal de São Paulo custa meio bilhão de reais por ano. Cada vereador pode gastar até R$218 mil anuais com despesas extras. Entre outras vantagens, eles podem usar a verba de gabinete para pagar despesas pessoais. Segundo o Estadão, alugam carro de luxo, compram papel higiênico para escritório político. Têm à disposição 32 advogados e, ainda assim, contratam advogados de escritórios particulares. Encomendam brindes e homenagens para agradar seu eleitorado. Há recibo de lavagem de carro de luxo por R$180, outro recibo é de aluguel de um carro de luxo pela bagatela de R$5.300 mensais. Eles se defendem e dizem que esse é o preço da democracia. Vocês concordam? Não dá para ser democrático com menos mordomias?

Lia: Há coisas que só podem acontecer na Terra do Nunca. Afinal, a lógica que impera lá não impera em nenhum lugar. Era uma vez a Rainha de Copas que autorizou a criação de uma Câmara de Vereadores e, para tanto, determinou ao Coelho Branco que fizesse uma dotação de meio bilhão de reais ao ano. Somente 55 duendes teriam direito de participar das sessões legislativas, respeitados o recesso parlamentar, férias, feriados e dias santos. Na segunda e na sexta todos estavam autorizados a utilizar vassouras voadoras, com pilotos, pagos pelos habitantes da Terra do Nunca. Um belo prédio foi erigido e o Gato de Botas implantou um rígido sistema de segurança, porém, sem dar a impressão de que há qualquer impedimento de acesso ao prédio. Ogros e feiticeiros podem entrar.

Irany: Vou completar a história. No plenário, Peter Pan, Dumbo, Pateta, Pato Donald, Mickey, Minie e muitos outros disputam a atenção de ninguém. Tudo vazio. Um caríssimo sistema de tevê, rádio e internet difunde os debates inócuos e os discursos sobre o nada. Para os que se zangam com o alto custo do parlamento da Terra do Nunca, Capitão Gancho, presidente do plenário, responde que é o preço da democracia. Por isso, Barrica baixou uma resolução que autoriza os representantes a contratarem, cada um, 17 cabos eleitorais. Todos têm que garantir a reeleição, ou a eleição para um patamar superior. Talvez uma vaga no parlamento da Alice, no País das Maravilhas. Milhares de assessores perambulam como zumbis pelos corredores, levando papéis de uma mesa para outra. E também gozam das férias e recessos como se duendes fossem.

Wal: Vou encerrar a história. No Grand Palais, os representantes dividem seu tempo entre a Terra do Nunca e suas atividades particulares. São vereadores/médicos/empresários/advogados/contabilistas/empresários e uma série de outras atividades. A função de vereador da Terra do Nunca é capaz de se misturar com qualquer outra. Todos eles respeitados, cheirosos, empoados e apoiados por uma galera de farsantes. O dragão da desconfiança popular foi aposentado, com salário integral como todo bom funcionário público. Não há mais fiscalização desde o dia em que todos receberam capas que os tornam invisíveis, mesmo quando estão nas vassouras oficiais. Verbas de representação são rigorosamente gastas em restaurantes famosos e motéis familiares. Enfim, tudo sustentado com o dinheiro do povo, que, diligentemente, recebe as generosidades dos duendes municipais.

HERÓDOTO: Depois dessa história fantástica só falta a Walt Disney Studios entrar com pedido de royalty. Deixa pra lá, a ironia tem sido uma constante nesses encontros e pelo que me parece vai continuar nos próximos.

Provo

Sextas Provocações

Antes de mais um encontro para falar de temas gerais, o grupo de executivos concordou em deixar de lado as questões do cotidiano das empresas, que geralmente ocorrem antes de cada sessão. Metas, faturamento, downsizing (redução permanente ou temporária de pessoal pela extinção de um ou mais níveis hierárquicos), merger (fusão ou incorporação de empresas), compra de novos ativos, ou crescer com ou sem investimento externo, são preocupações diárias de cada um em seu setor, mas não cabem na proposta inicial do grupo. Uma vez que todos concordaram, a palavra foi oferecida ao primeiro que se habilitasse. Então, aproveitei para apresentar um tema atual, que começa com uma história.

O garoto Tom Sawyer realmente era inventivo. Certo dia, a Tia Polly pediu a ele que pintasse a cerca da casa. Era um bom pedaço. Levaria um tempão para passar a brocha com tinta branca em tudo aquilo. Perderia a oportunidade de brincar com outros amigos e tomar um banho no rio. Mas Tia Polly não era fácil. Ele tinha que obedecer. Então, convocou os colegas para assistirem ao trabalho. De tal forma enalteceu o ato de pintar que convenceu os amigos a assumir a tarefa. Foi mais além: quem quisesse ter o privilégio de trabalhar teria que pagar. Tom faturou alguns centavos e, através de seu criador Mark Twain, forneceu um curioso exemplo de preço negativo. Negativo? Sim: uma pessoa recebe para usar um produto ou um serviço.

Na região central da cidade de São Paulo existem muitos salões de beleza. Por ocasião de festas e comemorações públicas, eles pagam para quem quiser fazer um penteado punk. Além de ser de graça, os clientes ainda recebem. Por sua vez, o salão entope de gente que quer pagar para ter um cabelo tão caprichado como os que viu em pessoas circulando pelos shows públicos. Preço negativo. Para alguns. Isto vale para um grupo de ciclistas que toda noite percorre a cidade pelo prazer de pedalar. Provavelmente, se alguém lhes propusesse que passassem a entregar remuneradamente cartas de bike, recusariam. É comum, nos programas de grande audiência na TV, artistas pagarem para cantar em vez de receber pelo show. É verdade que lá na frente a situação pode se inverter. Com o aparecimento na tevê eles poderão ser contratados para shows em casas noturnas ou festas populares. Alguns artistas permitem que suas músicas sejam baixadas gratuitamente na internet sem receber nada por sua criação.

Há inúmeros outros exemplos de preço negativo. Contudo, é uma expressão incomum, como saldo negativo da balança de comércio. Os jornalistas usam muito. Por que não prejuízo, ou déficit? Há uma aparente contradição nessa expressão. Saldo dá a sensação de que alguma coisa sobrou e não faltou. Lucro negativo não existe. O economista Chris Anderson conta que, na China, alguns médicos são pagos mensalmente quando seus pacientes são saudáveis. Se alguém adoecer é culpa do médico, então, não é preciso pagar as consultas do mês. Ou seja, só ganham se os pacientes estiverem bem. É o mesmo para policiais que não recebem bônus se aumentar a quantidade de violência. Menos violência, mais salário. Esse exemplo poderia também ser utilizado no sistema público de educação? Mais repetências, menos bônus para o professor. Está aberto o debate.

Ari: Vou começar com uma reflexão sobre o capital, mas não tem nada a ver com nossa empresa. Os acionistas não se preocupavam com questões éticas. Aplicavam seu dinheiro nos navios que zarpavam de Liverpool em busca de oportunidades de acumular capital. Ora atacavam os galões espanhóis carregados de prata vindos de Cartagena, na Colômbia, em direção à Sevilha ou Cádiz. Ora apresavam negros na África para vendê-los nas colônias da América Espanhola ou Portuguesa. Ora saíam abarrotados de produtos manufaturados para mercadejar em todos os portos do mundo. A volta do navio era uma festa. Não pela saúde dos marinheiros, que corriam graves riscos, mas pelo valor que a viagem tinha proporcionado. Queriam dividir o ganho ou receber os dividendos da empresa capitalista primitiva. A multidão não dava descanso para o armador, empresário, capitão da viagem ou mesmo ao rei, haja vista que o Estado também era acionista dessas empreitadas.

Irany: Há uma cultura nos países de economia capitalista avançada segundo a qual todos devem fiscalizar uma empresa de ações. É comum a presença de pequenos acionistas nas assembleias, geralmente representados por associações. Não dão folga. Contratam consultores e querem saber onde, quando e como seu dinheiro foi aplicado e qual é o dividendo a que têm direito. A Alemanha é um desses exemplos. Como já se comentou aqui, os pequenos investidores da Volkswagen formam um grupo conhecido como Acionistas Críticos da Volkswagen. Fazem todo tipo de pergunta nas assembleias e vez por outra deixam os gestores em verdadeiras saias justas. Como, por exemplo, em uma reunião em que eles queriam saber qual foi a cooperação que a empresa deu para a ditadura militar brasileira. Ou quanto a Volkswagen investiu em políticos brasileiros. Queriam saber, também, se a empresa tinha vendido carros e jatos d'água para uma recente repressão no Rio de Janeiro.

Lia: Uma associação de Acionistas Críticos precisa ser formada para fiscalizar a Petrobras. É verdade que o acionista majoritário, o Estado Brasileiro, tem fiscais próprios, mas inócuos quando se trata de avaliar a performance da empresa. Quem cobrou da presidência da empresa a decisão de comprar a refinaria de Pasadena? Quem cobrou da Petrobras a oportunidade de construir uma refinaria em Pernambuco? Quem cobrou a direção pela queda dos dividendos recebidos? Muitos pequenos acionistas tiraram o saldo do Fundo de Garantia e aplicaram na empresa. Seja qual for a origem do dinheiro, os pequenos acionistas deveriam questionar. O exemplo alemão vale para todas as empresas, se se quer democratizar e pulverizar a riqueza. Eles não podem ser tratados como um bando de ineptos que são incapazes de gerir suas próprias vidas.

Téo: Por falar nisso, vocês acompanham o saldo da sua conta no Fundo de Garantia? Já reparou que ele tem apenas 0,25% de correção mensal mais a TR, ou Taxa Referencial? Nesse batidão, todo ano a inflação bate de goleada sua conta do Fundo de Garantia. Logo cada ano diminui o valor real do saldo. Por isso alguns trabalhadores entraram na justiça para exigir uma correção de acordo com a inflação. E ganharam em vários estados. O Superior Tribunal de Justiça trancou todas as ações. Na opinião de vocês, essa decisão do STJ é técnica ou é eminentemente política, para atender o governo?

Wal: Às vezes, dá impressão de que são decisões políticas e não técnicas. E, por falar em justiça, certamente o engenheiro Werner Von Siemens não sabia que um dia seria chamado a depor no CADE, o Conselho Administrativo de Defesa Econômica, um órgão vinculado ao Ministério da Justiça do Império do Brasil. Afinal, ele acabava de montar, com um sócio, uma empresa de engenharia que adotou seu nome, e tinha o sonho de vender equipamentos para ligação telegráfica entre cidades. Já com sete anos de início do segundo reinado, muito provavelmente o Imperador D. Pedro II sabia de sua existência, uma vez que era apaixonado por novidades da ciência e da indústria. Siemens teve que enfrentar a nova onda das revoluções liberais que assolaram a Europa e os estados alemães, em 1848, e que prejudicaram os negócios. Só 20 anos depois ocorreu a unificação alemã, com todos os estados germânicos juntando-se e formando o II Reich, sob a liderança de Bismarck. Mas, afinal, o que queria o governo brasileiro? Não bastavam os prejuízos que a empresa acumulou ao fabricar caminhões para o exército alemão na I Grande Guerra e ter sido denunciada como exploradora de trabalho escravo judeu na Segunda Guerra? Agora havia novas suspeitas. Desta vez sobre corrupção. E logo no Brasil.

Téo: Diante de toda essa ironia histórica que você está contando, a melhor coisa a fazer seria promover uma autodenúncia. Não era possível mais manter nas paredes de seus escritórios de todo o mundo, inclusive no de São Paulo, na Lapa, quadros nas paredes informando aos colaboradores que a empresa se norteava por princípios éticos, transparentes, limpos e que não se envolvia em casos de corrupção. Todo mundo sabia que era mentira. A *Der Spiegel* fez reportagens denunciando esquemas de corrupção em vários países do mundo e até mesmo o gestor nomeado, depois de uma entrevista desastrada, teve que renunciar. Não restava outra opção para a empresa. Por isso, Werner resolveu assumir publicamente os casos de má conduta, ainda que não tenha participado deles. Afinal, só ficou sabendo da existência de um cartel para aumentar o preço de vagões e materiais ferroviários quando uns jornalistas importunos publicaram. Por isso, não tinha volta, era mudar para continuar.

Irany: Logicamente, trata-se de uma brincadeira com o fundador da empresa, mas se ele estivesse vivo poderíamos considerar que o gesto de Werner Von Siemens é raro no mundo dos negócios. Quem é que vai se importar quais são as safadezas que a empresa está fazendo, desde que pague os salários, as viagens luxuosas de seus dirigentes e a remuneração dos acionistas? Dinheiro é dinheiro, não importa de onde venha. E as outras empresas de grande porte que também participaram do mesmo cartel? E as montadoras que usam caixa dois para as campanhas eleitorais? E as concessionárias que lubrificam a mão de funcionários para conseguir licenças de toda ordem, especialmente ambientais quando se trata do porto de Santos? E as que buscam políticos para facilitar a venda para estatais ou obter investimentos dos planos de pensão? Ninguém mais se arrisca? Só o engenheiro? Werner publicou um amplo *mea culpa* e listou algumas maracutaias em que se envolveu no Brasil. Não todas, afinal, o imperador poderia se zangar e cortar a venda de pitangas para a Alemanha, de que tanto a Siemens gosta.

Ari: Tenho um outro exemplo de personagem. Vocês já se imaginaram adotando 30 ou 40 crianças pobres? Já pensaram que trabalhão deve ser cuidar de tantas crianças? Não deve ser fácil, educar, ensinar cidadania, acompanhar o desenvolvimento deles e dar carinho. Um certo presidente da república disse que vai fazer isso quando terminar o mandato dele. Você tem ideia de quem seja? Não, não foi o caçador de marajás. Estou falando do presidente do Uruguai, José Mujica, o Pepe. Ele leva um estilo de vida simples e doa quase 90% de seu salário para programas de moradias para famílias de baixa renda. Pepe é casado com uma senadora e não tem filhos. Como vocês avaliam a postura do presidente do Uruguai, José Mujica?

Lia: Não sei não, talvez, se continuar com essa postura, não consiga se reeleger. Brincadeirinha! Por falar no presidente do Uruguai, por quem tenho grande admiração, já está na Câmara o projeto que legaliza o uso da maconha. Ele também perdoa os traficantes da droga que estão na cadeia. Só ficaria preso quem vende cocaína, heroína, LSD e outras drogas pesadas. Seria uma forma de preservar o regime fechado apenas para os que cometem crimes contra a vida. Segundo o autor, há mais de cem mil traficantes presos ocupando vagas no sistema carcerário brasileiro. Com a anistia para os traficantes de maconha, muitas vagas se abririam. O tráfico é o segundo principal motivo para a prisão, perde apenas para crimes contra o patrimônio. Na opinião de vocês, liberar os traficantes é a melhor maneira de aliviar as cadeias?

Wal: Concordo, mas há gastos dos quais um país não pode abrir mão. Por exemplo, uma diária de um parlamentar que viaja para o exterior para acompanhar uma cerimônia de canonização de um santo brasileiro. A estadia em um hotel 5 estrelas custa uns 800 euros. É muito ou é razoável para um acontecimento tão importante? Equivale ao salário de um mês de um professor da rede pública. Somando-se passagem de primeira classe, translado, diárias de alimentação e acompanhantes, uma viagem dessa não fica por menos de uns 20 mil dólares. Dinheiro suficiente para bancar o salário de uns 20 professores. Quantas viagens semelhantes são realizadas por ano e quanto se gasta? Certamente, o salário de centenas de professores para bancar idas e vindas para a Europa e os Estados Unidos para os mais estranhos compromissos.

Ari: Adicione a esses gastos uma frota de carros oficiais espalhados por todo o país. Utiliza-se um carro para transportar um chefe de poder, com motorista, combustível, manutenção e depreciação de veículo. Um único veículo gera uma despesa de uns R$7.000 mensais. O salário de três professores. São milhares de veículos que servem à burocracia e não é possível avaliar quanto isso tudo custa para o contribuinte. Certamente, se toda essa gente se deslocasse de transporte público, ou com o automóvel particular, sobraria um bom dinheiro para investir na educação. Ter um carro com motorista é ter mais do que um meio de transporte, é ter um status importante na burocracia. Um avião precisa ficar à disposição do presidente 24 horas por dia. Afinal, ele precisa se deslocar com rapidez e segurança. Mas quanto custa um voo de um avião de 100 passageiros que carrega somente uns dez? Ele não poderia usar um avião executivo, mais barato, e a diferença ser investida em educação? Existe uma esquadrilha de aviões à disposição do Estado e que custa muito dinheiro. Aeronave, tripulação, segurança, serviço de bordo, licença, depreciação do avião e muitos outros custos. Viajam em aviões e helicópteros pagos pelo contribuinte uma legião de homens públicos. Uns para ir a um casamento, outro para fazer implante na calva, outros ainda para assistir ao jogo da seleção. Se usassem aviões comerciais, quanto se economizaria para aplicar em educação? Nada se compara com o presidente americano que viaja em um Jumbo. Só que, lá, eles investem 7,5% de um PIBão em educação.

Irany: Pelo menos na mordomia são todos iguais, já quanto à lei ela deve ou não deve ser igual para todos? Os condenados pelo mensalão foram flagrados com tratamento especial na Papuda, o presídio de Brasília. Degustavam uma feijoada à moda de Delúbio. No Rio, policiais condenados e presos seguiram a regra. Faziam vaquinha para fazer um churrasquinho no Carnaval. Além disso, foram apreendidas 70 latas de cerveja, micro-ondas, laptop, TV por assinatura e ar-condicionado. Tudo da melhor qualidade. Na opinião de vocês, essa forma de cumprir pena em presídio desprestigia a justiça criminal?

Téo: É o que a gente pode chamar de "esculhambação" da efetividade do modelo caótico das prisões brasileiras. Todos concordam que os seres humanos querem viver cada vez mais. Eles vivem mais. Vivem mais que os homens da Idade Média, cuja média de vida chegava aos 40 anos. Outros, submetidos à escravidão, empunhando o cabo de uma enxada, sob o sol e o açoite, aguentavam 15 anos de trabalho. Todos querem assistência médica e um atendimento ético, acima dos interesses mercadológicos, sejam dos laboratórios, dos hospitais de ponta ou dos consultórios em áreas nobres. É um direito o atendimento solidário e os esforços para prolongar dignamente a vida humana. Todos os métodos de cura são válidos, se honestos e eficientes.

Ari: Certa vez, eu andava pelo interior da China, em uma pequena cidade. Em uma ruela atopetada de gente que passava de um lado para o outro, havia um jovem de jaleco na porta do que parecia um armazém. A seu lado uma escrivaninha de madeira muito escura e velha. O guia o apresentou. Era o médico da vila. Perguntou se eu estava doente. Disse-lhe que não, então, ele respondeu que eu precisava da consulta do médico. Sentei na porta da loja, à vista dos passantes, e ele pôs sua mão sobre meu pulso. Depois de uns minutos, disse-me solenemente: "Coração bom, rim bom, pulmão bom, mas trabalha muito, tem estresse". Deu-me um frasco com pílulas da medicina chinesa. Perguntei-lhe o que faria se eu estivesse com uma apendicite. Sem titubear respondeu que me levaria a um hospital e me operaria sedado com acupuntura.

Wal: Tenho outro exemplo. Senti que minha pressão tinha subido. Estávamos a uns 2.000 metros de altitude. "Vamos ao médico", disse-me o guia. Lá fomos nós. Estávamos em Punaka, uma pequena vila a 230 quilômetros de Paro, a capital do Butão. Esse país é aquele que acalenta a utopia de trocar a medida do Produto Interno Bruto, pelo FIB, a Felicidade Interna Bruta. Ou seja, medir a sociedade não só pelo seu avanço material, mas também pela satisfação de viver. O consultório era uma pequena casinha, muito limpinha, e na porta tinha uma placa Health Basic Unit. "É o SUS!", pensei. Um jovem médico me atendeu. Estava de jaleco. Era o médico da comunidade, em um consultório muito humilde, que com um aparelho antigo, de mercúrio, mediu minha pressão. Falava inglês fluentemente. Um atendente vestido com o quimono nacional, sandálias gastas e mãos calejadas, separavas pílulas em pequenos saquinhos plásticos. Disse-me que estava bem, mas se sentisse um zumbido no ouvido, deveria tomar um remédio para pressão. Antes que perguntasse onde poderia comprar o medicamento, abriu a gaveta e me deu uns dez comprimidos, também em uma embalagem plástica transparente. "Quanto é?", perguntei. "Aqui no Butão, a saúde é universal", me respondeu. Não precisei do remédio e devolvi no final da viagem.

Lia: Lembrei-me do corredor sul-africano Oscar Pistorius, mundialmente famoso. Ele tem duas próteses de metal no lugar das pernas. Ainda assim, venceu várias competições internacionais. Ele foi julgado pelo assassinato da namorada em sua casa. Um juiz sul-africano decidiu que o julgamento poderia ser transmitido na íntegra pelo rádio e parte dele na televisão. Isso é o que se poderia chamar de "julgamento midiático"? Na opinião de vocês, essas transmissões ao vivo de julgamentos ajudam ou atrapalham a população a entender melhor a justiça? Acompanhei duras críticas do Ministro Joaquim Barbosa por permitir a transmissão ao vivo das audiências que culminaram com a condenação de políticos envolvidos com o escândalo do mensalão.

Wal: Quero lembrar que a comunicação passa por sua terceira revolução na Idade Contemporânea e isso afeta diretamente o jornalismo. O advento das tecnologias digitais proporcionou o desenvolvimento do webjornalismo. A vida é um fluxo e, por isso, o jornalismo também é um fluxo, agora a cavalo das rápidas transformações tecnológicas. Com a Revolução Francesa, na segunda metade do século XVIII, o jornalismo tomou uma conformação que chega aos dias atuais. Com o advento da Revolução Industrial, o processo de produção e divulgação de notícias tornou-se massivo graças à mecanização e à urbanização aceleradas, primeiro na Europa, depois no mundo. Em seguida, com o advento da sociedade de consumo, por volta de 1920, a produção industrial do jornalismo se acelera a partir do desenvolvimento de grandes empresas, algumas de propriedade familiar e outras por ações. As empresas de comunicação e jornalismo se tornaram um poderoso business. O poder político e econômico se acentuou com jornais e revistas de enorme tiragem e a constituição de grandes redes de rádio e televisão. O modelo americano de jornalismo foi amplamente desenvolvido no Brasil, especialmente quando os veículos passaram a buscar credibilidade, isenção e ética, e o público passou a perceber a diferença entre o informativo e o opinativo.

Irany: É verdade, também, que essas empresas não pararam de crescer, se internacionalizaram, e gigantescas redações sustentavam a produção de notícias. As grandes redes se organizaram em gigantescos oligopólios sob o controle de famílias ou de acionistas. A massa dos jornalistas trabalhava concentrada nas redações, sendo parte do processo de produção de notícias em massa, próprio de uma economia capitalista. Nesse processo estavam embutidas a produção em série, a remuneração dos acionistas e as mordaças editoriais. Os empregos também estavam concentrados nessas empresas.

Téo: Certamente, a terceira revolução foi provocada pelo advento da tecnologia digital e da internet. O paradigma de poucos emissores e milhões de receptores implodiu. As plataformas dos jornais e revistas, de papel e tinta, e a transmissão unidirecional de rádio e televisão caíram por terra. Tudo o que é passível de digitalização passou a ser transportado pela internet globalmente: textos, sons, imagens, arquivos de toda ordem. De um momento para outro as mídias tradicionais, chamadas de velhas mídias, se veem confrontadas pelas novas mídias. Com o computador e o acesso à rede de qualquer lugar do planeta, a produção de notícias deixa de se concentrar em grandes "fábricas". Com computadores leves ou mesmo um celular passou a ser possível gerar notícias em texto, imagem ou som de qualquer lugar e não mais necessariamente de uma redação.

Esta passou também a ser virtual. O conjunto de jornalistas pode estar espalhado por qualquer lugar.

Wal: Quero acrescentar que a terceira revolução industrial informática também quebrou o paradigma do monopólio da emissão de notícias. De posse de um computador e um espaço na rede, qualquer cidadão pode criar seu próprio meio de emissão de notícias através de um site, blog ou qualquer outro espaço, e a partir daí editar seu "jornal", sua "televisão" ou "rádio" digitais. Está em andamento um processo de democratização de emissão de notícias e outros conteúdos intelectuais como nunca se viu na história da humanidade. Há um processo de produção que torna obsoleta toda tentativa de censura. Com a internet e a tecnologia digital não é mais possível segurar notícias. Elas escapam por entre os dedos como areia. Diante das estruturas desse novo paradigma não é possível mais emitir uma notícia, comentário, artigo, ensaio, em qualquer plataforma, impunemente. Os receptores têm em suas mãos as redes sociais com as quais interagem, tanto com o emissor como com os que o seguem em sua comunidade virtual. As críticas, comentários e opiniões se aglutinam na emissão e passam a fazer parte dela, quer seu autor queira, quer não. Ocorre um processo de democratização da informação como nunca se viu antes, e é nesse novo mundo que o jornalista tem que atuar.

Ari: Teoricamente, então, qualquer cidadão pode ser jornalista, como na época da Revolução Francesa, quando entre tantos jornais se destacava *O Amigo do Povo*, do médico Jean Paul Marat. Diante dessa nova realidade, torna-se irrelevante discutir a necessidade de diploma. Jornalismo é jornalismo, não importa em que plataforma se propague. A tecnologia, ainda que seja responsável pelas mudanças, não é um fim em si mesmo, mas um meio. O bom e velho jornalismo surfa na rede de bits e bytes, conectada, interativa, instantânea e globalizada nos limites da ética, isenção, relevância e interesse público. O jornalista tem o privilégio de pensar e agir local e globalmente.

Irany: Por falar em notícia, a rígida comissão de ética da Presidência da República se pronunciou. Os guardiães da ética e da moral não titubearam e não deixaram por menos. Resolveram não dar nem uma advertência para a ministra que usou o helicóptero da Polícia Rodoviária para fazer campanha em Santa Catarina. A ministra saiu ilesa de qualquer puxão de orelhas, afinal, o avião era apenas para atender feridos nas estradas. Eles bem podem ir para o hospital de camburão. A ministra passeia de aviãozinho. Como tanto a aeronave como o combustível e o salário do piloto são pagos por nós, na opinião de vocês ela deveria devolver o prejuízo que deu aos nossos bolsos, ou não?

HERÓDOTO: Antes que se iniciasse uma nova discussão paralela sobre *compliance* no setor público, resolvi suspender os trabalhos e convocar todos para a sétima reunião de um total de dez, como foi combinado. Vamos ver se não vai faltar assunto.

Provo

Sétimas Provocações

A sétima reunião do grupo formado pelos executivos Lia, Irany, Wal, Téo e Ari foi realizada com um pouco de atraso, uma vez que a empresa passou por uma reestruturação e isso ocupou a todos. Todavia, concordaram em marcar outra data e a reunião apresentou também algumas ideias de como reformar a sociedade brasileira. Pensei até que estivessem querendo, como se diz na linguagem do RH, procurar uma nova oportunidade. Novos desafios, plano de carreira, oportunidade de crescimento profissional, melhor salário, benefícios, participação no resultado e reconhecimento são os atributos que atraem as pessoas para uma determinada profissão. É verdade que não é fácil encontrar no mercado oportunidades que contemplem todos eles. Mas não custa tentar. O "não", como se diz popularmente, todos têm, a questão é buscar o "sim". Em que setores da economia é mais provável haver um emprego com tantas recompensas? Talvez na indústria, na qual estão, certamente, os empregos mais bem remunerados. Por causa do aumento de produtividade, dizem os liberais. Por causa da exploração da força do trabalho e a geração da mais valia, dizem os socialistas e comunistas. Os setores agrícola, extrativista, comercial ou de serviços oferecem menos compensações. Este último é o pior avaliado por empregados e clientes.

Quais dos atributos acima recompensam a profissão de professor? Nenhum, respondem os mais críticos. Ele é mal remunerado, não tem reconhecimento público, não ganha por produtividade, os benefícios são pífios e por aí vai. No outro lado da moeda estão o número excessivo de aulas, falta de tempo e dinheiro para aperfeiçoamento, ausência de estímulos para avançar na carreira, violência em sala de aula, falta de apoio das famílias e da comunidade para a escola. Agora, a pergunta que não quer calar: Quem se habilita? Diante desse quadro, com as exceções de praxe, quem abandonaria outras atividades ou carreiras para se tornar um professor? Para muitos a profissão não é abraçada por escolha, mas por exclusão. Ou bico, até aparecer alguma coisa melhor.

Um professor não pode ser confundido com um "dador de aulas". Ele precisa ser mais do que isso. Não basta saber o que vai ensinar — e muitos não sabem. É preciso direcionar o conhecimento de suas aulas no sentido da construção da cidadania, da democracia, da interatividade entre disciplinas, para listar as mais importantes. Uma lousa eletrônica, conectada à internet, com laptops individuais, óculos 3D, material audiovisual, microfone sem fio, ajudam como forma de apoio. Mas não são essenciais. Essencial é o professor e a professora. A educação começa e termina com eles. Muitos de nós tivemos o privilégio de encontrar na escola alguns verdadeiros professores. Nunca esquecemos deles. Guardamos as melhores lições que nos ensinaram e que nem sempre foram a utilização de um teorema, o entendimento de um período histórico, uma visão técnica do corpo humano. As melhores lições foram os exemplos dados por seu comportamento.

Lia: Vou começar com uma imagem popular. Diz a tradição popular que a casa da mãe Joana é uma bagunça. Todo mundo grita e ninguém tem razão, especialmente quando falta pão. Quando tem feijoada, todo mundo mete a colher e se for com samba cada um atravessa a música de acordo com o gosto do freguês. Mãe Joana não se importa, sabe que tudo isso é uma característica cultural de seu povo, que não assume nada, não sabe de nada, não se importa com nada. Se fosse italiana, diria "*e la nave va*". Joana da Silva nunca fez carreira em nenhuma empresa, não tem o perfil que os métodos de gestão exigem. Não tem hora, não tem time, não se relaciona com a força de vendas e não está nem um pouco preocupada com a remuneração dos acionistas antes ou depois do EBTIDA. Aliás, um palavrão que só os chegados em uma corporação entendem. Não tem compromisso com a marca, nem zela pela admirabilidade da empresa. A lei maior é o "vamu que vamu". Bola pra frente, minha gente.

Téo: Suponho que, em ano eleitoral, a casa da mãe Joana se incorpora nos níveis da administração municipal, estadual e federal. Quando vai chegando a hora de cumprir os prazos da lei para uma reeleição, há uma revoada geral. Voam urubus, abutres, andorinhas, papagaios de pirata, galos do planalto, pavões congressuais e outros alados menos cotados. Migram dos cargos que ocuparam para as ruelas, favelas, periferias e todo tipo de festa. De batizado a missa de sétimo dia. É hora das aves de arribação. Todos atrás dos votos que, direta ou indiretamente, vão garantir mais quatro anos de ninho nos escaninhos do poder e da burocracia. Todos querem se dar bem, e para isso é preciso voar muito, beijar crianças, apertar mãos calejadas e tomar pinga em copinho de bar sujo. É a hora de partir para uma renovação, como a história da águia que, na velhice, se recolhe ao ninho no alto da montanha e arranca as penas, as unhas e perde o bico. Todos eles querem reviver o mito da Fênix.

Ari: Porém, como diz o velho e sábio judeu: "E quem vai tomar conta da lojinha?" Secretarias, ministérios, diretorias e superintendências ficam às moscas. Os que sobraram no governo agem como baratas tontas e preenchem os cargos como podem. É a festa do segundo escalão que, finalmente, chegou lá. Por um período tampão, é claro, mas é como juntar as migalhas que caíram da mesa de um lauto banquete pago com dinheiro público. Em um ambiente desses não cabe produtividade, gerenciamento, remuneração do contribuinte com serviços, assiduidade, interesse pela causa pública, cuidado com os gastos. É uma verdadeira festa de Babete. A administração pública se arrasta, indolentemente, até a eleição, posse dos eleitos, nomeação dos apaniguados e o início de um novo ciclo. Como o Nilo, que enche todo ano por causa das lágrimas de Ísis pela morte de Osíris. E aí começa mais um carnaval com mais de um milhão de palhaços no meio do salão.

Irany: Por isso eu voto nos bombeiros, eles são os mais confiáveis agentes sociais. É o que revela uma pesquisa de credibilidade da empresa alemã GFK Verein. Em segundo lugar vêm os professores, tema da abertura do Heródoto. Em nono lugar estão os jornalistas, logo depois dos médicos. Virando a lista de cabeça para baixo há outras profissões importantes. Em último lugar, como era de se esperar, estão os políticos. Sua posição é tão incômoda que, recentemente, um deputado convidado do *Jornal da Record News* disse que, ao ser reconhecido na rua, algumas pessoas gritaram "ladrão". Em penúltimo lugar estão os prefeitos. Só para não dizer que é perseguição, os advogados estão em quarto lugar entre os piores avaliados. Na opinião de vocês, por que os bombeiros têm a melhor avaliação?

Lia: Quando eu era criança dizia que quando crescesse gostaria de ser bombeiro ou agente secreto. Só recentemente muitas pessoas se deram conta da existência da NSA, a Agência de Segurança Nacional dos Estados Unidos. Começou com a defecção do funcionário Edward Snowden e suas peripécias até conseguir asilo na Rússia. Ela se tornou ainda mais conhecida quando vazaram notícias de que a NSA espionava a correspondência eletrônica de países amigos. Entre eles, o Brasil. Contudo, desde 2005 a agência foi alvo de uma reportagem do *New York Times* sobre um programa ilegal e global de interceptação de mensagens. O *Der Spiegel* conta que os principais editores foram chamados à Casa Branca para uma reunião com a secretária de Estado, Condoleezza Rice. Na época, Bush era o presidente. Foram pressionados para impedir a reportagem do NYT e outras com o mesmo conteúdo. Não deu certo. Tudo foi publicado. Prevaleceu a ética do jornalismo que faz com que suas publicações sejam convincentes e acatadas pelo público. O apelo nacionalista de que uma publicação como essa poderia pôr em risco a segurança nacional não vingou. Ou seja, ficou claro que são os cidadãos que devem determinar quais são os padrões que devem ser respeitados. E não o Estado. Quem pune a publicação é o público, que pode impor sua decisão de ler, ver ou ouvir o que se divulga. Não há outra punição possível no campo democrático.

Wal: Vez ou outra surgem conflitos entre o Estado e as publicações jornalísticas. Acusam os jornalistas de impatriotas, traidores, carentes de civismo, por publicarem questões que o Estado entende sensíveis. Afinal, é consenso que o Estado tem permissão para ocultar informações de seus cidadãos e só divulgá-las quando considerar que não vão provocar riscos. Como os documentos que mostraram a fuga de reféns americanos de Teerã, após a revolução islâmica. Virou filme. Mas, por outro lado, também é consenso que os cidadãos têm permissão para divulgar esses segredos se tomarem conhecimento deles e julgarem ser relevante a divulgação. Por isso, os funcionários pagos pelos cidadãos têm o dever de zelar pela segurança das informações sob sua guarda. Uma vez vazada, cabe ao jornalista divulgar. O Estado não possui nenhuma esfera privada, tudo nele é público, ao contrário dos cidadãos, cujo direito devem exigir que seja respeitado pelo Estado. Se a NSA ou outras agências governamentais de segurança não são capazes de administrar as informações que julgam sensíveis, o Estado não pode responsabilizar a mídia pela divulgação de fatos e dados. É culpar o termômetro pela febre. A luta entre o Estado e a mídia é tão antiga quanto a Revolução Francesa. Há inúmeros episódios relatados pela história.

Irany: Posso concluir, então, que se é legítimo o Estado manter informações secretas, e todos o fazem, também é legítimo que a mídia publique as informações que foi capaz de obter das entranhas do Estado. Este reage com a lei de que é crime revelar identidade de um agente de seu próprio governo. E, geralmente, a corda arrebenta do lado da fonte, que sendo identificada é processada.

Wal: No entanto, os jornalistas se defendem com o direito de se recusar a apresentar a fonte ou as provas de suas reportagens, o que também está garantido na lei da maioria das nações democráticas. A autoridade do Estado advém dos cidadãos, que exigem informações amplas. Isso significa que a divulgação de informações públicas é um dever cívico do jornalista. A do sigilo, por sua vez, é um indicador da qualidade de uma democracia.

Ari: Imagine se um diretor de uma empresa, insatisfeito com o trabalho de uma colaboradora, a ofendesse. O que aconteceria se ele dissesse que seria melhor que, em vez de trabalhar na empresa, ela fosse posar nua para uma revista? Com certeza haveria uma reação cidadã contra uma atitude machista como essa. Contudo, por ser este o país do futebol, um dirigente esportivo acha que está acima da lei. Um diretor do Cruzeiro, de Belo Horizonte, destratou dessa forma uma bandeirinha. Ele alegou que ela errou no jogo e por isso se sentiu no direito de ofendê-la.

Na opinião de vocês, essa grosseria e demonstração de machismo é um demonstrativo de como pensam os dirigentes esportivos? Ou é um caso isolado?

Téo: Não é um caso isolado. Lembram-se do Aranha, goleiro do Santos que foi ofendido com palavras racistas? Pois é, depois de tudo o que sofreu, foi novamente vaiado quando o Santos voltou a jogar contra o Grêmio. Mas gostaria de falar mais alguma coisa sobre os Estados Unidos. Nem o ataque de Pearl Harbour abalou tanto o poderio americano quanto as ações terroristas contra as Torres Gêmeas, em Nova York, e ao Pentágono, em Washington. O ataque japonês foi o auge de uma disputa pelo mercado asiático que tinha se iniciado 50 anos antes. Japão e Estados Unidos disputavam a supremacia no Extremo Asiático e o grande motim era o controle do Pacífico e do mercado da China. A surpresa do ataque contra a base da frota americana no Pacífico se deu depois que os americanos bloquearam todos os bens de empresas e bancos japoneses nos Estados Unidos, deixando o país a um passo da bancarrota. É verdade também que o império fazia parte do eixo nazifascista com a Alemanha e a Itália, e que tinha pretensões imperialistas em toda a Ásia, onde disputava com a Inglaterra e Estados Unidos a hegemonia na região.

Ari: Planejar um ataque não é coisa simples. Tem que ser coisa de gênio. O Almirante Yamamoto planejou o ataque, com a diretiva de liquidar a base militar americana mais próxima do Japão, mas sabia que se não tivesse sucesso o poderio industrial do inimigo sufocaria seu país. Ele mesmo viveu em Washington e sabia do que a máquina de guerra americana era capaz. O ataque foi um sucesso, os aviões partiram dos porta-aviões, e enquanto uns jogavam torpedos nos navios da frota fundeados no porto, outros destruíam os aviões da USAF no aeroporto. Foi um sucesso? Sim, porém o morango da frota não estava lá. Os porta-aviões foram retirados secretamente e enviados para o canal do Panamá. Sem atingir esses navios, o sucesso do plano foi comprometido. O gênio de Osama Bin Laden tinha que suplantar o paradigma de atacar o país mais forte do mundo, a primeira potência nuclear, com as maiores e mais eficientes forças armadas. Um ataque surpresa estava descartado. Não haveria força militar estrangeira capaz disso. Pergunte aos soviéticos. Porém, ele quebrou o paradigma ao usar contra o inimigo suas próprias forças, como em uma lição de aikido. Treinou pilotos nos Estados Unidos, sequestrou aviões americanos, voou em território do Tio Sam e jogou quatro aviões civis, de grande porte, com centenas de passageiros a bordo, no que considerava ser os símbolos do inimigo. Dois no World Trade Center, o símbolo do capitalismo yankee; outro no Pentágono, o cérebro das forças militares nacionais, e um outro na Casa Branca ou no Capitólio, símbolos do poder político.

Téo: Teve sucesso? Sim, dos quatro alvos, acertou três. Atingiu o coração do inimigo partindo de dentro dele mesmo, considerando que a destruição está dentro do próprio sistema e não fora dele. Um ataque sem esquadra, sem soldados uniformizados, sem tanques, nem foguetes ou outras armas conhecidas. Transformou um equipamento civil e pacífico, um avião de passageiros, em uma arma mortífera. Capilarizou o conceito de um inimigo sem bandeira, território, Estado, bases militares ou capital. Estava em lugar nenhum e ao mesmo tempo em todos os lugares. A reação foi mobilizar a maior máquina de guerra do mundo, a um custo de bilhões de dólares, para se atacar não se sabe que país e prender não se sabe quem nem onde. O sucesso de Osama durou uma década; o de Yamamoto, alguns meses, com a volta dos porta-aviões que passaram a atacar o Japão. A invasão do Iraque depois do Afeganistão foi uma tentativa de dar um recado ao mundo de que ninguém fica impune se ataca a nação mais poderosa da Terra.

Lia: Há quem diga que o século XXI começou depois dos ataques terroristas, quando a história passou da Idade Contemporânea à Idade do Conhecimento. É uma tese, mas de fato o advento da multilateralidade, o declínio da hegemonia americana, a ascensão dos países de média periferia do sistema, os BRICs, o advento da internet e das redes sociais são os fatores que mudaram a cara do mundo. E ainda estão mudando. O processo histórico nunca foi tão rápido, ainda que a um custo de vidas, perda de monumentos e crises sistêmicas constantes.

Irany: Tenho uma boa notícia. As pessoas que cumprem pena em regime fechado nas penitenciárias têm oportunidade de encurtar a permanência. A lei brasileira permite que o condenado mostre que está se recuperando para voltar à sociedade. Uma delas é o trabalho. A cada três dias de trabalho a estada na prisão é reduzida em um dia. Por isso, muitos procuram uma ocupação semelhante à que tinham antes de ir para a cadeia. Em Tocantins, na Casa de Prisão Provisória, cada detento interessado tem um prazo de até 30 dias para ler uma obra literária, científica ou filosófica. Depois, apresenta uma resenha do livro. Com isso, tem quatro dias de diminuição da pena. Pode ler até 12 livros por ano, o que representa 48 dias de redução da prisão.

Lia: Há alguns funcionários públicos que são modelos de eficiência e dedicação ao trabalho e por isso merecem que seu exemplo seja divulgado. Um juiz da cidade de Rio Negro, no Paraná, mandou a Polícia Militar buscar na cadeia um grupo de presos acusados de assaltar um caixa do Banco do Brasil.

A PM paranaense alegou que não tinha viatura para buscar os presos. O juiz pediu para a polícia civil. Esta alegou que era dia de visita na delegacia e todos os policiais estavam ocupados atendendo aos familiares dos presos. Ele não hesitou. Acompanhado de um PM, pegou o próprio carro e foi buscar os presos para o julgamento. São duas faces da mesma moeda. De um lado, a ineficiência da polícia do Pará, e de outro a eficiência do juiz. Na opinião de vocês, essa ação é uma exceção no serviço público, ou é frequente? Em tempo, os presos foram condenados.

Ari: Vejam porque é importante a ação da justiça. Recentemente, pelo menos cinco pessoas suspeitas de assaltos foram presas pela população. Eles foram amarrados e surrados em público. Por pouco as agressões não viraram linchamento. Um deles chegou gravemente ferido em um hospital de Goiânia. A prática está se espalhando rapidamente por todo o país. É a volta à barbárie, a fazer a justiça com as próprias mãos. É não confiar na polícia e na justiça. Na opinião de vocês, atos como esse provocam a diminuição dos assaltos?

Téo: Quero lembrar que no Brasil da época da escravidão havia o pelourinho, um poste no qual uma pessoa era amarrada e chicoteada. Atualmente, observou-se casos da volta dessa prática. Em Itajaí, Santa Catarina, um suspeito de assalto foi amarrado a um poste e torturado por seus captores. O mesmo aconteceu no Rio, onde outro assaltante foi preso a um poste com uma corrente de bicicleta. Tais atos de barbárie talvez sejam cometidos porque as pessoas julguem que a polícia não tem condições de protegê-los, ou, quem sabe, porque alguns achem que podem fazer justiça com as próprias mãos, como foi dito aqui.

Lia: Há pouco contei a história de um juiz que pegou seu próprio carro e foi buscar os presos para julgamento porque a polícia do Paraná alegou que não tinha condições. Não é um caso único. Há um outro juiz que honra a toga e a cidadania. O magistrado, da cidade de Bragança Paulista, condenou um aluno a pagar R$10 mil de indenização para uma professora. Ele atirou uma casca de banana nela em plena aula. Depois, mentiu em juízo e disse que era uma brincadeira de atirar banana no lixo. O aluno levou testemunhas. O doutor juiz descobriu que elas mentiam e aumentou a pena. Na sentença, ele disse: "Em um momento histórico onde as ruas do país são tomadas por pessoas exigindo melhorias na educação, jovens esquecem que, além de direitos, também têm deveres." Na opinião de vocês, a decisão do juiz ajuda a preservar a condição de professor e é uma aula de cidadania? Voltamos ao tema professor que abriu nosso encontro de hoje.

Wal: Um ex-presidente da república tem direito de utilizar até quatro funcionários cedidos pelo executivo. Logicamente, pagos pelo contribuinte. Nós. Como temos quatro ex-presidentes, só para a segurança deles bancamos 16 funcionários. O ex-presidente Collor, atual senador, também gasta mais R$20 mil por mês com segurança privada. Só este ano a conta chegou a R$230 mil, que saem da verba do senado. Assim, para se proteger, Collor utiliza quatro pessoas e uma empresa de segurança. Do bolso dele não sai um tostão.

Irany: Talvez por isso a degradação da imagem dos partidos políticos é de conhecimento geral. A população está cada dia mais estupefata pelo envolvimento em casos de corrupção, empreguismo, tráfico de influência, banditismo, formação de quadrilhas, coronelismo, compadrismo e tantos outros crimes e transgressões de ordem ética e moral. O que Rui Barbosa escreveu sobre honestidade não se sobrepõe mais a tudo o que os políticos inventaram nos últimos tempos para levar vantagem. Há, obviamente, as exceções de praxe, ainda que cada vez mais minguadas. As bandeiras políticas, ideológicas, programáticas, se perderam e não acompanharam as transformações da sociedade contemporânea. Os partidos se transformaram em um cadinho de interesses pessoais, corporativos, negociais e abandonaram o interesse público e a proposta de construção de um programa nacional para o Brasil.

Ari: A visibilidade no Congresso é maior uma vez que nas Câmaras Municipais e Assembleias Estaduais predomina o absenteísmo, a mediocridade e o balcão de negócios com o executivo de plantão. Os sociais-democratas não tiveram coragem de defender suas propostas, entre elas a privatização de algumas atividades do Estado, e outros sociais-democratas, recém-chegados da esquerda, assumiram essas propostas que antes criticavam duramente. Os socialistas sem denominação viraram sociais-democratas e perderam suas raízes. Os Verdes nunca se manifestaram seriamente pela defesa do meio ambiente ou pela sustentabilidade, e estão mais para cinza chumbo do que para verde natureza. Os movimentalistas de toda ordem, conservadores, liberais, democratas, fascistas, sócias de qualquer ordem se agruparam em um Jumbo partidário aberto apenas para profissionais. Assim, as bancadas, aparentemente, se reúnem em uma das 28 siglas partidárias. Ou por setores da sociedade como ruralistas, ambientalistas, evangélicos, católicos, evolucionistas, criacionistas, industriais, comerciantes, extrativistas, banqueiros e por aí vai.

Lia: Essa erosão nos partidos possibilitou sua terceirização. Agora existem as bancadas do Paulo, do Juca, do Waldemar, do Pedro, do Antônio, políticos poderosos que reúnem parlamentares de uma ou mais sigla. Com isso, controlam votos nas decisões do Congresso Nacional e negociam com o governo. Mandam mais do que os presidentes de partidos, dominam o grupo que come em suas mãos. Estes grupos estão pendurados em favores econômicos e devidamente cadastrados em todas as propinas que obtiveram. Não podem se rebelar, ou a mídia vai receber um dossiê. Essa nova figura do poder está ativa, faz negociações, transita pelas estruturas do Estado com desenvoltura e foge de qualquer exposição pública. São eles que vão decidir se haverá ou não uma reforma política e, certamente, se ela tocar em seu poder, não sairá do papel. Os cidadãos/eleitores/contribuintes vão continuar esperando Godot. O mesmo aqui já citado.

Irany: O BNDES é um banco público, como todos nós sabemos. Os cofres do banco são enchidos pela burra do tesouro, fundo de amparo ao trabalhador e outros fundos públicos. E quem enche a burra de tudo isso somos nós, os contribuintes. E, o que é pior, o BNDES não passa informações para os donos do banco, que somos nós. Injetou bilhões nas empresas do megalomaníaco

Eike Batista e diz que não pode divulgar porque é sigilo bancário. Ué, quem pode garantir que o que o megaempresário pegou emprestado tem garantias se suas empresas forem para o brejo? Para se conseguir essa dinheirama do BNDES é preciso ser amigo, irmão, camarada e companheiro? Todo conglomerado EBX era cliente preferencial do banco. Hoje, o Eike é um pobretão, e dos 35 bilhões de dólares de patrimônio, restam só 3,5 bilhões, e uma outra parte foi bloqueada.

Wal: Todos os cidadãos que gozem de suas prerrogativas políticas têm o direito de se candidatar a um cargo eletivo, aqui e em outra democracia qualquer. Há algum tempo, a Itália elegeu a Cicciolina, uma atriz de filmes pornôs, deputada. A campanha dela foi bizarra e baratíssima, bastava chegar em uma praça e mostrar os fartos seios para que toda a mídia registrasse. Só que a montanha de votos que ela teve não elegeu mais ninguém. No Brasil, ela teria sido eleita e puxado todo o elenco do filme, do galã ao rufião, do produtor ao divulgador. Todos seriam eleitos deputados federais. Baseado nessa característica eleitoral brasileira, um gênio do mal, o Coringa, urdiu uma trama. Confiante na falta de cidadania e politização dos apreciadores de voto de protesto não importa contra quem seja, procurou um puxador de votos. Nada melhor do que um palhaço, o personagem querido por gregos e troianos. Vocês têm ideia de algum?

Irany: Lembro-me de uma porção deles. Os palhaços sempre foram respeitadíssimos. Figuras como o Carequinha, Arrelia, Torresmo, Fuzarca, Pimpão, Piolim, eram personagens que divertiam crianças e adultos e em cujas apresentações o bem sempre vencia o mal, divulgando muitas mensagens positivas para as famílias envolvendo valores como caráter, ética, honestidade, respeito pelos mais velhos, cuidados com os animais e muito mais. Portanto, qualquer um deles poderia ter se candidatado, mas jamais aceitariam ser puxadores de votos para eleger o Coringa e seus asseclas.

Téo: É, mas não é assim que age o PR, o Partido da República, o mesmo que está engolfado em denúncias de corrupção no Ministério dos Transportes. Graças ao Tiririca, o partido elegeu um grupo de malandros federais. A astúcia para enganar o eleitor teve prosseguimento na eleição de 2014. Há notícias de que em várias cidades do país, palhaços estão sendo cooptados para se candidatar a vereador e puxarem uma bancada na Câmara Municipal. Os capitães donatários dos partidos de aluguel não se contentam mais com o que recebem, querem o poder, querem ficar próximos das concorrências públicas, dos lugares em que possam se beneficiar de alguma forma. Com o aumento da arrecadação através de impostos injustos, os governos têm mais para gastar, e isso gera comissão, propina, corrupção. Para pôr um fim nessa trama só há mesmo uma heroína: a Reforma Política. Contudo, ela está amarrada no fundo de uma gaveta em Brasília, amordaçada e impedida de aparecer. Não interessa a ninguém, nem aos grandes partidos, nem aos nanicos, nem à esquerda, nem à direita. Está bom do jeito que está. O cidadão/eleitor/contribuinte está a mercê de Coringa e sua gangue.

Ari: A sociedade brasileira está mudando rapidamente com a difusão da internet e suas ferramentas de interatividade. É um engano achar que apenas os jovens têm interesse pelas novas mídias. Cada vez mais casas possuem computador, que passou a ser um eletrodoméstico tão importante como fogão, geladeira e televisão. Todos usam o computador, principalmente os jovens, mas os pais e avós também aprendem a usar, ainda que com mais lentidão. Além da máquina, todos querem conexão de banda larga para acessar a internet. Para alguns fanáticos "não há vida fora da internet". Nas cidades mais desprovidas de serviços públicos ou particulares há ao menos uma lan house. Passou a fazer parte da paisagem urbana, tal como a igreja, a delegacia e a prefeitura.

Wal: O acesso ao mundo se abriu com a web e nunca mais vai se fechar. Nunca na história da humanidade as pessoas comuns tiveram tanto acesso ao conhecimento. Ele se democratiza e se capilariza como jamais se imaginou. Ninguém pode desconhecer o poder de interatividade da rede mundial de computadores. Ela se processa desde o celular, o iPad, laptop ou desktop. Cidades inteiras já são cobertas com wi-fi ou similar, o que quer dizer que em qualquer lugar, do estádio de futebol à fila do recebimento dos aposentados e ao pátio das escolas é possível acessar a internet sem fio. Isso tudo tende a se aprofundar, uma vez que as novidades tecnológicas não param de ser divulgadas. São equipamentos cada vez mais rápidos, mais leves, com mais funções e mais baratos.

Irany: No Brasil, o número de celulares já ultrapassou o da população, e cada vez mais ela tem acesso à rede. Essa tecnologia da comunicação influencia e é influenciada pelas mudanças econômicas, sociais e políticas. É responsável pela aceleração do processo histórico como nunca se registrou antes. O mundo político vai ser impactado diretamente por essa nova realidade.

O movimento se iniciou com cidadãos enviando e-mails para seu vereador, deputado estadual, federal, senador, prefeito, governador e até para a presidente. De acordo com o noticiário da mídia, as caixas eletrônicas de alguns travavam de tanta mensagem recebida. Alguns políticos mais antenados com as mudanças do mundo já utilizaram ferramentas para fazer campanha política, prestar contas aos eleitores, abrir portais de informações e outras possibilidades.

Lia: Contudo, o mais emocionante está para vir. Cansados de ver seus anseios ignorados pelos detentores do poder, e suas frustrações aumentadas com o descaso do poder público, as pessoas descobrem que agora têm nas mãos uma arma poderosa em prol da cidadania e da mobilização política. Já começaram a convocar pessoas para manifestações públicas como passeatas, reuniões, ou mesmo formar grupos para multiplicar a difusão de informações. Vem aí uma nova realidade que vai influenciar a política; quem não a entender, será atropelado por ela.

Téo: Há um sério embate entre o complexo de vira-lata e a síndrome do castelo de areia. O complexo é que nós, como povo, não acreditamos em nós mesmos e não encaramos desafios, não porque não somos capazes, mas porque sofremos de uma baixa autoestima que nos impede de reconhecer nossos méritos e avaliar nossos erros. O complexo de vira-lata nos diz que não somos capazes de organizar a Copa do Mundo ou as Olimpíadas, que os aeroportos não estariam prontos, os estádios continuariam com banheiros fétidos e o transporte público insuficiente e abarrotado. Tudo isso é imaginário ou são fatos? Do outro lado está a síndrome do castelo de areia, ou seja, somos capazes de construir um maravilhoso castelo de areia e depois pisar em cima, de fazer um belíssimo artesanato de palha e depois lançá-lo no fogo, ou seja, somos ao mesmo tempo os que constroem e os que destroem a autoestima nacional. Como disse alguém recentemente, nada disso existe, a não ser na cabeça de alguns jornalistas que insistem em ficar divulgando o que não deviam porque estão comprometidos com este ou aquele interesse.

Wal: Vou entrar nessa história. Sem dúvida, sediar um evento internacional foi uma conquista importante e o Brasil estava escalado para dois deles. Vimos recentemente como a Copa do Mundo divulgou a África do Sul, mostrou sua pujança, miséria, a herança do racismo, a força de um povo que quer se afirmar como nação liderada por Nelson Mandela, o líder mais inspirador do século. O Brasil teve a mesma oportunidade de se firmar no cenário internacional como a grande nação verde do mundo, com um povo miscigenado, que combate o racismo e a discriminação de qualquer ordem, que constrói uma democracia apesar dos políticos e apresenta crescimento econômico sustentável. A cada ano cai o número de miseráveis e aumenta gradativamente a renda nacional, ainda que concentrada nas mãos da plutocracia histórica. Cresce o número de crianças nas escolas, e as faculdades, embora algumas não passem de verdadeiros estelionatos educacionais, estão cheias. Faltam trabalhadores especializados e, com isso, os salários melhoram. Enfim, temos o que mostrar para o mundo sem cair no velho nacionalismo chauvinista de outros tempos. A visibilidade desses eventos vai contribuir decisivamente para que o Brasil ocupe um lugar de maior participação na condução de um mundo multilateral.

Ari: O complexo de vira-lata e a síndrome do castelo de areia podem e devem ser banidos da nossa história, e isso só vai acontecer se a sociedade tomar consciência de que precisa ter a rédea do poder em suas mãos. Tem que se organizar, formar grupos de pressão, fundar entidades cidadãs, participar de todos os eventos públicos que decidam alguma coisa, se engajar em trabalhos voluntários e não abrir mão do direito de manifestação e decisão. Esse movimento social tem capacidade para pôr um breque nas safadezas das concorrências fraudadas, na máfia que domina o futebol e outros esportes, dos cargos técnicos de primeiro e segundo escalões como moeda de troca para políticos inescrupulosos. Tudo isso certamente vai jogar na lata de lixo aquele outro complexo de que somos um grupo de carneiros, tangidos de um lado para o outro pela elite dirigente. A Copa do Mundo e os Jogos Olímpicos não podiam repetir o vexame dos Jogos Pan-Americanos do Rio de Janeiro, nem os custos exorbitantes das obras, nem o abandono delas, nem as vaias na cerimônia de abertura.

Irany: A resistência da justiça contra o autoritarismo teve muitos exemplos na história do Brasil. Durante a ditadura de Floriano Peixoto, um grupo de generais se manifestou contra as pretensões do militar de se encastelar no poder. Segundo a constituição, como Deodoro renunciou antes de completar dois anos de mandato, ele era obrigado a convocar novas eleições. Floriano disse que governaria por quatro anos, com ou sem a constituição, e que mandaria prender os generais rebelados. Rui Barbosa foi chamado para defender os réus e disse que entraria com um *habeas corpus* no Supremo Tribunal Federal. Floriano não teve dúvidas em responder: "E quem vai dar um *habeas corpus* aos ministros do Supremo?" Ou seja, se a crise persistisse todos iriam para o xilindró.

Lia: Os tempos mudaram. Para surpresa geral, cada vez mais os ministros falam na mídia e não no processo. A escolha dos componentes do Supremo Tribunal tomou uma configuração política e se dobra às indicações do chefe do executivo. Ilibada reputação e notório saber foram substituídos por indicações de amigos e correligionários. Nenhum foi reprovado nas sabatinas do Senado. Ou são muito bons ou os senadores nada perguntam. Ou fingem que perguntam e o candidato finge que responde. A inauguração da TV Justiça foi um avanço para a democracia brasileira e o fortalecimento do Poder Judiciário na população. É um privilégio poder acompanhar as sessões do Supremo Tribunal Federal, ao vivo, ou gravadas, onde são discutidos temas de relevância para o país. Certamente, ajuda também os advogados e estudantes de direito que podem aprender no dia a dia, em exemplos práticos.

Wal: Como se sabe, a televisão muda comportamentos, insufla o ego, exige um penteado mais arrojado, uma quebrada nos fios brancos, enfim, coisas de humanos. A contaminação de questões político-partidárias nos pronunciamentos dos ministros não ajuda a democracia e o respeito que todos devemos ter pela Justiça. Entrevistas tempestuosas, acusações grandiloquentes, aparições estapafúrdias, ego descontrolado, declarações emocionais e pronunciamentos rancorosos são veiculados pela velha e nova mídia. Isso ganha amplitude à medida que o debate se acelera e põe em cheque a isenção dos juízes do Supremo. Por sua vez, a mídia é acusada de aquecer um espetáculo onde os atores são os ministros. Esse clima quebra a sobriedade, o distanciamento das partes, o envolvimento com litigantes e a disseminação de informações sob a proteção do off. O caminho de volta é o bom senso, a retomada do critério técnico para a composição do Supremo Tribunal Federal, afinal, o Brasil não precisa seguir o exemplo de nenhum outro país do mundo.

Téo: Em 1945, no final da Segunda Guerra, um grupo de líderes nazistas, civis e militares, foi levado para julgamento em Nuremberg. A acusação era de graves crimes de guerra. A maioria deles se defendeu atacando o tribunal, afirmando que já estavam previamente condenados e os advogados nada poderiam fazer por eles. Alguns lançaram mão do argumento de que não sabiam o que se passava no Reich, nem mesmo das barbaridades cometidas nos campos de concentração. Ignoravam os fuzilamentos sumários, as câmaras de gás, as experiências pseudocientíficas feitas com prisioneiros. Nunca souberam de ataques genocidas sobre as populações das cidades. Como poderiam saber, se apenas recebiam as notícias da mídia controlada pelos nazistas? Apelaram para a cegueira deliberada. Não sabiam o que seus subordinados faziam. Nem seus chefes. Não era crível que não soubessem que parte do equipamento que usavam era oriundo do trabalho escravo. Não sabiam que populações inteiras foram molestadas em nome da separação étnica e da supremacia ariana.

Irany: Bem que os advogados tentaram salvar seus clientes com o subterfúgio da cegueira deliberada. Em outros momentos argumentaram que eram soldados do partido e, por isso, obrigados a cumprir ordens. O chefe estava morto. Ele era o único culpado. Os advogados diziam que não havia materialidade, como poderiam ser condenados? As leis que pelas quais estavam sendo julgados não existiam antes, no momento dos fatos relatados. Suas obrigações eram lutar contra o inimigo, seja qual fosse, e não discutir o que passava com a população. Almejavam o poder mundial e para isso tinham se empenhado desde o golpe de 1934.

Ari: A perguntinha que não quer calar: o princípio não se aplicava aos Aliados que também tinham cometido crimes? Sabiam que ao bombardear uma cidade matavam milhares de inocentes? Varreram a cidade de Dresden do mapa. Aliados diziam que tentaram cortar as ferrovias que passavam pelo local e não pretendiam dizimar a população com bombas incendiárias. E o dolo eventual? Assumiram o risco, na certeza da impunidade dos vencedores. A intenção não era matar a população, mas mataram. Os chefes, na Inglaterra ou nos Estados Unidos, assumiram o risco e por isso deveriam também estar nos bancos dos réus. O risco era do julgamento cair em um debate político indesejável no nascer da Guerra Fria. Cegueira deliberada e dolo eventual ainda levantam debates entre juristas e operadores do direito. São conceitos que precisam ser popularizados para que todos possam entender e formar um juízo crítico a respeito.

Lia: Você já deu um murro na cara de alguém? Segundo o presidente da torcida Gaviões da Fiel, todo mundo já deu um murro na cara de alguém. É desta forma que ele justifica a ação de um grupo de vândalos que invadiu o CT do Corinthians e bateu até na mulher da limpeza. O Cruzeiro proibiu as torcidas organizadas de usarem o distintivo do clube. Outros clubes deveriam fazer o mesmo, já que não pagam as dívidas que têm com a Previdência Social, a Receita Federal e até com o Banco Central. Os cartolas têm o apoio da bancada da bola no Congresso (parlamentares ligados aos clubes) e querem os votos das torcidas organizadas. Na opinião de vocês, dar um murro na cara do jogador ganha campeonato?

HERÓDOTO: Vou contar uma história para encerrar nosso encontro de hoje. O repórter Cid Barbosa era o mais sacrificado da equipe. Entrava para trabalhar por volta da meia-noite e saía depois que o sol nascia. Não era fácil embarcar em uma viatura do Sistema Globo de Rádio, em São Paulo e cobrir os assuntos da madrugada. Precisava ter fibra e estômago. Geralmente, eram casos policiais com assassinatos, chacinas, roubos e um sem número de barbaridades. Esperava, como todos, a oportunidade de mudar de período. Na madrugada do dia 3 de outubro de 1992, um domingo, trabalhou normalmente. Era dia de eleição, a cidade iria escolher o prefeito, e o PMDB tinha como candidato Aloysio Nunes Ferreira. O governador Luís Antonio Fleury estava empenhado em eleger o candidato de seu partido. Jornalistas trabalham em dias de eleição, mesmo domingo. As manchetes da Folha e do Estadão diziam que a PM havia invadido o Carandiru e que no confronto com os presos morreram oito pessoas, segundo um dos jornais, ou doze, segundo o outro. Cid chegou na redação da Rua das Palmeiras, por volta das seis horas da manhã, quando eu ia apresentar o *Jornal da Excelsior*. Disse-me que durante a noite tinha estado no IML e que os mortos do Carandiru eram dezenas. Perguntei se ele tinha visto os corpos. Ele disse que não, mas podia garantir que o número era muito maior do que diziam os jornais e que ele faria um relato no ar. Disse a ele que era um risco grande de errar. Ele insistiu. Eu era o gerente de jornalismo e disse a ele que se estivesse errado seria demitido. Por volta das seis e dez, ele deu a notícia com a convicção de um grande jornalista. A redação se movimentou para obter mais notícias, repórteres foram mandados para os outros IMLs da cidade. Às seis e meia, liguei para um coronel da PM e ele me disse que tinham morrido dezenas. Quantos? Mais de cem. A notícia estava confirmada. Uma repórter foi à casa do Secretário da Segurança, Pedro Franco de Campos, que passou por ela correndo e embarcou em um helicóptero. Sumiu, foi votar no interior. O governador não era encontrado. Diziam que estava em Sorocaba. Os repórteres relatavam corpos nos IMLs. Só depois que as urnas fecharam, lá pelas cinco da tarde, é que o governador falou com a imprensa. Confirmou a morte de mais de cem detentos. Foi o trabalho e a dedicação do Cid que resultaram na apuração da notícia. Seu trabalho tinha derrubado tudo o que tinha sido publicado até então. Em tempo, o candidato do governador perdeu.

Provo

Oitavas Provocações

No oitavo encontro dos cinco executivos, os temas propostos foram os mais variados e flutuaram, principalmente por causa do noticiário. Aparentemente, cresce a preocupação com o futuro dos negócios e do meio ambiente. Não se chegou ainda a uma conclusão sobre até que ponto o crescimento pode mesmo ser sustentável. Como sempre, sobraram críticas à imprensa e nem mesmo a jornalista da empresa, Wal, saiu em defesa da instituição.

Téo: No passado, quando se deixava passar uma oportunidade, se dizia que se perdeu o bonde da história. Muitas empresas, e mesmo países como o nosso, perderam vários bondes da história. Contudo, com o avanço acelerado da tecnologia, o bonde foi substituído pelo trem-bala. As mudanças são tão rápidas que é preciso ficar muito mais atento às transformações sob pena de perdê-lo. É preciso estar sempre antenado. Assim, quem olha, por exemplo, para a expansão da indústria de veículos, tem a sensação de que o consumo de petróleo está aumentando e o preço do barril vai continuar subindo. Já bateu nos 150 dólares. Com os novos motoristas chineses e indianos chegando aos congestionamentos de trânsito, a impressão que se tem é que o céu é o limite, que a demanda só aumenta. Alguns países e empresas elegeram o óleo como o investimento do presente e do futuro.

Ari: Lembro-me que no auge do crescimento da produção e dos preços do petróleo, o ministro Yamani, da Arábia Saudita, foi um dos líderes da formação de um cartel de países mundialmente conhecidos como OPEP — Organização dos Países

Produtores de Petróleo. Passadas as comemorações pelo fluxo dos petrodólares para os produtores, Yamani lembrou a todos que a Idade da Pedra não acabou pela falta de pedras. Acabou porque houve quebra de paradigma com a tecnologia dos metais, responsável pela mudança das condições das civilizações primitivas. Ou seja, a idade do petróleo pode acabar não por falta de óleo. Há produção suficiente. O que pode faltar é a demanda. Outras fontes competitivas estão em ebulição, segundo reportagem de capa da revista *The Economist*. George Michell descobriu um método revolucionário de obter grandes quantidades de gás com o craqueamento dos depósitos de xisto nos Estados Unidos. As reservas chegam para os próximos 200 anos. O gás liquefeito, de baixo preço e nacional, procura seu caminho para abastecer os tanques dos caminhões, ônibus e veículos leves. O gás pode substituir o petróleo em navios, geradores de energia, petroquímica, e sistemas de aquecimento industriais e domésticos. Em 2020, vai substituir milhões de barris de petróleo. Outro fator que impacta o petróleo é que os carros estão cada vez mais leves, duráveis e os motores cada vez mais eficientes. Ao mesmo tempo, os carros elétricos e híbridos estão se tornando cada vez mais populares, tanto como os movidos a célula combustível e gás.

Irany: Segundo analistas de engenharia e de bancos, a eficiência dos motores a um ritmo de 2,5% ao ano vai provocar uma redução de consumo, o qual nos próximos anos vai cair do pico de 92 milhões de barris por dia. A pressão sobre os danos ao meio ambiente, provocados pelo petróleo, está aumentando a sede da Europa e dos Estados Unidos por tais motores. E a pressão tende a aumentar quanto mais as pessoas tomarem consciência dos riscos de um aquecimento global, em que um dos vilões é o CO_2. Carvão e petróleo estão na mira dos ambientalistas. Até mesmo a China está tomando medidas para acalmar a fúria dos que querem um carro para ficar entalado no trânsito de Shanghai ou Beijing. Obviamente, há fatores geopolíticos nessas mudanças. Os Estados Unidos poderão depender bem menos de importações da Venezuela ou do Oriente Médio, passando ao largo das disputas que levaram os americanos a se atolarem em conflitos nessas regiões. Isso pode fazer com que o petróleo seja um fator bem menos explosivo, impulsionador de guerras desde 1914 com a I Guerra Mundial. A guerra pelo consumo do petróleo pode, novamente, descambar para o campo econômico. Não como no passado, quando a OPEP praticava preços políticos e aumentava o preço do barril de petróleo. A Arábia Saudita, que controla 11% da produção, pode aumentar sua capacidade e provocar uma queda de preço e, com isso, um aumento da demanda. Contudo, as leis cada vez mais rígidas contra as emissões dos carros pode levar os motoristas a usarem gás e não gasolina ou diesel. Veículos a gás emitem menos dióxido de carbono e têm a mesma potência dos movidos a petróleo. A Rússia e outros produtores vão sentir o impacto e devem estar avaliando o futuro. É caso de perguntar: e o Brasil?

Lia: Já que estamos falando de combustível, imagine o que aconteceria se a empresa em que você trabalha descobrisse que você usa gasolina paga por ela. É um furto. Certamente seria demitido e talvez tivesse que responder a um inquérito policial. Ficaria com o nome sujo na praça e seria difícil conseguir outro emprego. Ficaria conhecido como o Zé Gasolina. Um deputado estadual mineiro usava gasolina em seu helicóptero. Paga pelo contribuinte, é claro. Agora, ele responde na justiça por envolvimento com o tráfico, uma vez que o "heliPÓptero" transportava cocaína. Na opinião de vocês, a Assembleia mineira deveria cassar o mandato dele?

Wal: Nos últimos 50 anos, muita gente mudou do campo para as cidades. Por volta de 1960, pelo menos 80% dos brasileiros moravam no campo. O fenômeno de um acelerado êxodo rural ocorreu praticamente em todo o planeta, mas no Brasil a concentração nas grandes cidades foi muito acelerada. Hoje, só 20% moram nas áreas rurais. As cidades se tornaram um amontoado desorganizado, com as necessidades sociais disparando no cockpit de um Fórmula 1 e a oferta pública trotando a bordo de uma carruagem. Com essa diferença, aumentou a insuficiência de escolas, postos de saúde, coleta de lixo, pavimentação e outros serviços. A verdade verdadeira é que a prefeitura não tem condições de gerenciar a maioria das cidades brasileiras. Não consegue impor um ritmo de crescimento compatível com os recursos, às vezes por falta de planejamento, autoridade, corrupção e dinheiro. Obviamente, não faltam verbas para pagar os vereadores e manter o carro e o motorista do chefe do poder executivo.

Lia: Todos sabem que as cidades de São Paulo e Rio de Janeiro foram as grandes receptoras dessa avalanche populacional à procura de uma condição mais humana de vida. Ou veio atraída pela possibilidade de conseguir um emprego, uma renda, uma casinha, condições melhores para as crianças, ou empurrada pela seca, coronelismo, latifúndio, desassistência, perda da esperança e a chegada de um capitalismo selvagem que transformou muita gente em retirante ou boia-fria à mercê dos gatos. Formou-se um proletariado rural com o fim do meeiro, retireiro, colono, enfim, de pessoas que eram remuneradas com parte da produção. Pelo menos, nas cidades a esperança de vida era melhor. Os movimentos começaram ainda no século XIX com o *boom* da borracha no Acre e continuaram com a industrialização do ABC e a importância econômica do Rio de Janeiro em pleno século XX. Cidades pequenas e médias também atraíram migrantes por se caracterizarem pela produção de sapatos ou de tecidos, por serem sedes de empresas de tecnologia ou se localizarem em regiões de turismo e outras atividades. São José dos Campos, no Vale do Paraíba paulista, cresceu em torno da indústria aeronáutica e outras fábricas. Favelas surgiram ao longo dos condomínios e bairros de luxo ao longo de toda a costa brasileira.

Téo: O auge da aglomeração urbana no país se dá sob a atual Constituição, que completou 25 anos em 2013 e cuja avaliação, de uma forma geral, é positiva. Afinal, nós estamos vivendo o mais longo período democrático de nosso país, sem golpes de estado, puxadas de tapete, quarteladas ou acontecimentos do gênero ocorridos no passado. Vamos indo bem. Para que o processo democrático se aprofunde, é preciso ler a Constituição de 1988. Será que as pessoas, de uma forma geral, já a leram? Pelo menos uma parte? É muito longa, de fato, mas isso não impede que escolas, sindicatos, igrejas e sociedades de amigos de bairro façam leituras públicas da Lei Maior. A maioria do nosso povo nunca leu nem uma linha, mas isso é fácil de consertar, é só começar a ler todo dia um pedacinho. Nós precisamos conhecer melhor os nossos direitos e deveres.

Ari: Sou médico, eu a li e sei que há nela uma preocupação social. Por exemplo, o bairro do Pinheirinho, em São José dos Campos, em São Paulo, é apenas uma das muitas áreas espalhadas pela periferia das cidades ocupadas por pessoas que vivem em situação caótica. É um fenômeno mais intenso nas duas maiores cidades do país. Geralmente, estão instaladas em terrenos pertencentes a não se sabe quem ou nas chamadas áreas de risco, aquelas que todo mundo sabe estarem sujeitas a desmoronamentos e matam pessoas porque pertencem à Serra do Mar e têm essa característica natural. O que se viu no Pinheirinho foi um filme de horror. De um lado, a frieza do Poder Judiciário, de outro, o cinismo da prefeitura, e por cima de tudo, o mutismo comprometedor dos governos estadual e federal. A polícia cumpriu uma ordem judicial e as imagens dolorosas de casas derrubadas e famílias nas ruas calaram fundo na consciência nacional. Uma família com seus colchões no bagageiro de teto de uma velha Brasília, com as crianças brincando na calçada, foi o testemunho de que ainda não somos capazes de impedir que os Retirantes de Cândido Portinari se reproduzam cada vez que há uma retirada de população de uma área urbana.

Wal: O mestre Cláudio Abramo lembra que o jornalismo é o exercício diário da inteligência e a prática diária do caráter. Essa frase não se pode esquecer nunca, sob a pena de se pisar na bola no primeiro cochilo. Recentemente, a presidente Dilma esteve em Cuba e foi questionada pelos jornalistas sobre a violação dos direitos humanos. A situação na ilha foi agravada com a morte de um oposicionista em um cárcere e grupos de ativistas queriam que a presidente os recebesse. Dilma, como chefe de estado e do governo brasileiros, de forma alguma poderia se manifestar sobre uma questão interna de outro país ao qual estivesse em visita oficial, sob pena de se intrometer em área fora de sua competência. Exceção a essa regra foi a visita do presidente francês Charles De Gaulle ao Canadá ao gritar, em um discurso, "Quebec Livre", um apoio explícito à separação da região de influência francesa do resto do país. Uma mancha em sua biografia.

Lia: Eu sei que a presidente Dilma usou uma técnica de *media training* com os jornalistas em Cuba. Ao ser perguntada sobre uma questão particular, respondeu no geral. Falou da defesa dos direitos humanos no mundo, da importância do respeito a eles, de que todos os países têm telhado de vidro e citou o Brasil, obviamente se referindo ao período da ditadura militar. Essa declaração rendeu a grande maioria das manchetes dos sites, telejornais da noite e os impressos da manhã. Alguns deles criticando a presidente por ter agido como Chefe de Estado. Mas ela se saiu muito bem. A outra questão aparentemente crítica foi a pergunta sobre se demitiria o ministro das Cidades. Tranquilamente, ela disse que só falava de questões de governo no Brasil. E ponto final. Dilma, chefes de estado, presidentes de corporações, de entidades, porta-vozes, treinam as respostas. Treinam todo dia. Respondem oralmente para os assessores e eles lhe dão um feedback. Cabe aos jornalistas estarem preparados para conseguir, de uma forma ética, obter informações de um entrevistado que não quer divulgá-las.

Téo: Quero lembrar que Dilma foi a Cuba também em uma missão estratégica para o Brasil. Dadas as boas relações entre os dois países, há a possibilidade de se implantar em Cuba uma ponte para a presença brasileira no Caribe. O investimento de 600 milhões de dólares no porto de Havana, financiado pelo BNDES, solidifica a presença estratégica do Brasil na região. Mais cedo ou mais tarde, o regime dos irmãos Castro vai acabar e o país vai se abrir. Possivelmente, a primeira abertura será a econômica, com a presença brasileira já consolidada. É uma política de Estado, e não de governo. Essa estratégia foi desenhada pela diplomacia brasileira há uma década e está sendo desenvolvida pelo governo atual. O noticiário na grande mídia, em sua maioria, ficou nas questões políticas e ideológicas e, salvo exceção, não chegou a noticiar outros desdobramentos da viagem da presidente Dilma. Sua presença no Haiti, onde há tropas brasileiras a serviço da ONU, é outro braço dessa mesma estratégia.

Irany: Já que estamos falando em políticos... Mandar político famoso para a cadeia é um fato comum no mundo. O ex-ministro britânico Chris Huhne passou dois meses em cana por mentir sobre multas de trânsito. Alberto Fujimori, ex-presidente do Peru, passou seis anos na cadeia por abuso do poder. O político chinês Bo Xilai foi condenado à prisão perpétua por crime de corrupção. Escapou de uma bala na nuca. Silvio Berlusconi, ex--primeiro ministro da Itália, foi condenado a quatro anos por fraude em suas empresas. O ex-presidente da Argentina, Carlos

Menem, foi condenado a sete anos de cadeia por tráfico de armas. Yadav, ministro das ferrovias da Índia, foi flagrado pegando propina e mandado para a prisão por cinco anos. O ex-primeiro ministro de Israel, Olmert, também foi para o xilindró. Na opinião de vocês, o Brasil está entrando em uma nova era de punição para políticos importantes com o episódio do mensalão?

Wal: As coisas estão melhorando graças à ação da Polícia Federal, Ministério Público, Controladorias e Tribunais de Contas. Alguns de nós sofremos algumas críticas de quem acha que jornalista só gosta de notícia ruim. Mas o que podemos fazer? A intenção é ajudar. Veja isso: 2.500 candidatos se inscreveram para disputar sete vagas no Tribunal do Trabalho da Bahia. Nenhum foi aprovado. Ninguém conseguiu a nota mínima de cinco para ser magistrado. O salário não é dos piores, R$14 mil, fora as vantagens do cargo. Apenas 61 candidatos chegaram à terceira fase do concurso, mas ninguém passou. Um Poder Judiciário forte e dinâmico reforça a cidadania e consolida a democracia, mas Suas Excelências têm que estudar mais. Na opinião de vocês, o que aconteceu para que ninguém fosse aprovado?

Ari: Vou falar sobre um furgãozinho muito querido por nosso relator. O desenvolvimento tecnológico não deixa espaço para saudosismo. Kombi é o diminutivo em alemão de combinação, vale tanto para um pequeno furgão como para um grande Boeing. Quando transporta carga e passageiros é chamado de Kombi. Ela surgiu da necessidade dos alemães de terem um veículo barato, que transportasse mercadorias e pessoas para um país arrasado pela Segunda Guerra. O chassi é o mesmo do velho e bom Fusca.

Chegou ao Brasil, um país sem guerras e que acolheu os imigrantes de braços abertos, entre eles os alemães. E a Kombi.

Téo: Abençoada por muitos, amaldiçoada por poucos, o carro tinha uma característica genial. O para-choque era a testa do motorista. O motor ficava atrás, como o do fusca. Aquele carro estranho ganhou o coração e a mente dos brasileiros. Andava pelas estradas esburacadas de terra, no asfalto, subia a serra e, no domingo, levava a família para uma farofada na Praia Grande. Resistiu a uma quantidade enorme de modelos novos, nacionais e importados e mudou muito pouco. Fazia parte das paisagens urbanas e rurais. E a Volkswagen ganhou muito dinheiro com ela. Eu sei que o Heródoto teve várias Kombis. Não me lembro o número exato. Seus filhos apelidaram uma de Funérea, outra de Batman, outra de Branquinha, dependendo da cor do carro.

HERÓDOTO: Não gostaria de intervir na conversa, mas o assunto é muito importante e eu fui citado. Saibam que as antigas não paravam, nunca. Aprendi na oficina de meu pai a "colocar o motor no ponto", trocar cabo de embreagem, acelerador e freio de estacionamento. Com um toquinho de madeira na borboleta do carburador era possível dispensar o acelerador. E com um toque no câmbio era possível trocar as marchas sem acionar a embreagem. Enfim, era pau para toda obra, especialmente depois que minha propriedade rural se transformou em uma reserva ambiental. A Kombi assistiu inúmeros episódios da história do povo brasileiro e foi responsável pelo transporte de tudo que cabia em seu bojo. Levava uma tonelada de peso, de gente ou de cabritos. Era comum o dito popular "ponha na Kombi". Enfim, foi o jeito brasileiro de ser que deu vida tão longa ao furgão. Agora, definitivamente, ela vai para o museu e para as páginas de nossa história.

Lia: Ok, mas não precisa chorar... Acompanhei no ar, em cadeia nacional de rádio e TV, a publicidade da Justiça Eleitoral que alertava os eleitores do Pará de que eles eram obrigados a votar no plebiscito que decidiria se o estado seria ou não retalhado em três. O anúncio era para alertar os paraenses que moravam dentro e fora do estado que havia uma multa se não votassem, ou seja, o cidadão paraense não podia exercer o direito de participar ou não. Era obrigatório. No entanto, os outros cidadãos, de outros estados, que quisessem palpitar sobre o assunto, não podiam. De acordo com a Constituição, apenas os diretamente atingidos têm o direito de decidir. Foi por isso que o professor e jurista Dalmo de Abreu Dallari, da USP, esteve recentemente no *Jornal da Record News* para contar que fez uma petição ao Tribunal Superior Eleitoral e foi fragorosamente derrotado por Suas Excelências.

Irany: Eles entenderam que os outros cidadãos, que moram em outros estados, não são diretamente interessados e, por isso, não votam e ponto final, uma decisão terminativa. Se os eleitores do Pará aprovassem a divisão do estado, a criação de mais dois custaria perto de R$2 bilhões de reais para os cofres públicos. Aqueles que são abastecidos com os impostos pagos pelos contribuintes de todo o país. Então, paraenses ou não, éramos todos interessados diretamente no que iria ser decidido. Ou melhor, temos o direito de opinar sempre, afinal, somos nós que pagamos a conta. Essa é mais uma das distorções do sistema federativo brasileiro, que ora interfere na autonomia dos estados, ora exclui o cidadão, que paga toda a conta, de participar, de decidir se quer ou não que seu imposto seja gasto em ações que ele pode não entender como prioritárias para o país.

Wal: A última instância é o Supremo Tribunal Federal, através de uma ação direta de inconstitucionalidade. Contudo, como disse o professor Dalari, apenas determinadas entidades têm o atributo de questionar no STF a constitucionalidade ou não da lei. Já há uma entidade disposta a mover a justiça. Por trás dessa divisão, há uma aliança entre as oligarquias regionais e grandes grupos econômicos interessados em aumentar suas atividades mineradoras e no agrobusiness na região. As "papeleiras" plantadoras de eucaliptos também estão na parada. Terra barata, falta de fiscalização ambiental, proximidade com os mercados internacionais, controle da burocracia e o engavetamento dos políticos venais sãos os principais motivos dessa divisão. É a reedição da Guerra dos Mascates, da capitania de Pernambuco, no início do século XVII, que contrapôs comerciantes de Olinda e fazendeiros do Recife. Uma pesquisa do Datafolha dava conta de que, pelo menos, 58% dos paraenses não queriam a divisão, e foram eles que disseram se iria ou não ocorrer o nascimento de mais dois estados. E você, não importa onde esteja, pagaria mais essa conta. Em tempo, aumentariam o número de senadores e deputados federais que lá em Brasília olhariam por nós. Amém.

Ari: Ok, mas sem ironia. O Pará está bem pertinho do Maranhão. As capitanias hereditárias foram criadas por El Rey de Portugal no século XVI. Foram extintas por Pombal dois séculos depois. Algumas resistem até hoje. É o caso da capitania do Maranhão, onde reina a família Sarney. A capital, São Luís, é uma das mais perigosas, com 55 assassinatos para cada 100 mil habitantes. Lá, está o presídio da Pedrinha, tão pavoroso como em um conto de Dostoiévski. Assassinatos e estupros de familiares de presos são constantes nos corredores. Gangues dominam o presídio, onde nem a polícia entra. Voltei ao assunto porque, cada vez que nos reunimos, Pedrinhas[1] está de volta aos telejornais da noite.

Irany: Talvez, nós já tenhamos um remédio. Ele foi posto de novo no banco dos réus. Inicialmente, já o fora para impedir seus efeitos nas eleições passadas; agora, para impedir que aja na próxima. A Lei da Ficha Limpa, um projeto de lei de participação popular, foi aprovada no Congresso Nacional com o aval de mais de 1.300.000 eleitores para varrer de vez uma cambada de políticos condenados, por um colegiado, por crimes das mais variadas espécies, da gatunagem pura e simples até a prática de estupro. Contudo, algumas dessas figuras conseguiram impugnar a lei no Supremo, alegando que ela era leonina e violava o princípio da anterioridade, ou seja, a lei tem que ser aprovada e sancionada, pelo menos, um ano antes das eleições.

Lia: Foi um balde de água fria na cabeça de muita gente que tinha a esperança de ver as velhas raposas fora do galinheiro. Entretanto, a justiça deu ganho de causa a eles, e, aos poucos, estão ocupando suas cadeiras, especialmente no Senado e na Câmara dos Deputados. Um novo julgamento, apoiado na mesma tese, está em cur-

---

[1] Um município no Maranhão em que há um presídio onde ocorreram várias rebeliões muito violentas.

so a pedido de Jader Barbalho. Há outro grupo que alega que a Lei da Ficha Limpa é inconstitucional, pois viola o princípio da presunção de inocência, que considera o réu inocente até que uma sentença chegue a seu final. Assim, todos teriam os direitos políticos preservados e podem assumir suas confortáveis cadeiras. Com a decisão de que a lei valeria só para as futuras eleições para presidente, deputados, senadores e governadores, e como todos já se filiaram aos partidos políticos esperando conseguir uma legenda para concorrer à eleição, pode haver uma reviravolta. Infelizmente, candidatos a prefeito e a vereador não foram impugnados e fizeram campanha.

Téo: Creio que é impróprio dizer que a lei propõe uma degola política. Ela, apenas, estabelece quem tem condições de concorrer ou não. Degola, na República Velha, era a ação de uma tal Comissão de Verificação, manipulada pelo presidente eleito no esquema café com leite, para cassar o mandato de deputados federais acusados de corrupção ou compra de votos. Naquela época prevalecia a vontade das oligarquias estaduais, que tinham que manter suas bancadas no Congresso e faziam uma troca com o presidente. Ele "degolava" os candidatos da oposição, e, em troca, a oligarquia o apoiava no Congresso. Era uma forma de perpetuar as elites no poder.

Wal: O fato é que, com ou sem a Lei da Ficha Limpa, cabe ao cidadão pagador de impostos colaborar para que as coisas mudem. E a mudança tem que ser de baixo para cima e de fora para dentro. Só a formação de um espírito crítico que resulte em voto consciente será capaz de fazer uma faxina profunda no plantel de políticos que dirigem o país. Por isso, os que têm consciência política precisam começar a trabalhar já. É sua missão falar com todas as pessoas que o cercam sobre a importância de votar em pessoas íntegras, honestas, éticas e comprometidas com o interesse público. Está na hora de incentivar as escolas, igrejas, templos, sindicatos e associações de todo tipo para movimentar seus quadros em busca de consciência política. É um trabalho duro e longo, mas tem muita gente que quer ajudar e não sabe como. Com quem eu falo? O que falo? Como convenço alguém a não votar no primeiro picareta que entrega santinho? Enfim, trocar o incerto e desonesto pelo certo e honesto. É uma decisão de cada um, mas com efeitos coletivos. Hoje, existem as redes sociais, que podem dar grande ajuda para espalhar ideias e incentivar as pessoas a fazerem um trabalho voluntário que vai resultar no benefício de todos. Vamos arregaçar as mangas, fazer gargarejo e sair conversando com as pessoas de nosso relacionamento pessoal.

Lia: Lembramos do Maranhão e do Pará, mas quero acrescentar mais um estado da federação. Se há algum lugar no Brasil que se parece com o paraíso, é o Ceará. Graças ao governador, coisas fantásticas acontecem por lá. Viagens com a família pagas pelo povo. Compras custosas de iguarias para serem saboreadas no palácio do governo. Contratação de astros para cantar em inauguração de hospital. Só faltava contratar uma empresa para soltar fogos de artifício nas inaugurações de Sua Excelência. Bem, já não falta mais. Ele contratou uma. Na opinião de vocês, os fogos de artifício são realmente necessários, ou podem ser substituídos por traques?

Ari: Não sei se ficou claro que só parte do voto secreto caiu. Ele dormiu alguns anos em uma gaveta da Câmara dos Deputados. O projeto acabaria com todo tipo de voto secreto no Congresso Nacional. Ardilosamente, inventaram que algumas decisões teriam que ser tomadas secretamente para que o parlamentar não fosse pressionado pelo Poder Executivo, nem pelos poderosos. Seria uma forma de preservar a independência dos representantes do povo, para que legislassem para o bem-estar de todos e a felicidade geral da nação. A intenção foi boa, mas de bem intencionados... A deterioração política transformou o voto secreto em uma safadeza. Graças a ele a Câmara mantém a legalidade de seus atos, uma vez que o plantel foi eleito democraticamente pelo povo. Mas perde a legitimidade. É mais uma ação que colabora para o descolamento entre o Congresso e a sociedade.

Irany: O último exemplo foi a aprovação do projeto de mudança do Código Florestal. Apesar de, segundo a Folha de São Paulo, 80% da população ser contra, obteve 400 votos a favor. Tem legalidade, mas não tem legitimidade. Os casos escabrosos, entre eles a cassação de parlamentares corruptos, eram decididos no voto secreto. Ninguém sabe como seu representante votou, e a maioria nem sabe quem o representa, uma vez que, além da amnésia política geral, o sistema proporcional permite que candidatos desconhecidos sejam "puxados" por campeões de votos. Como no caso do palhaço que teve mais de um milhão de votos. É um emaranhado confuso que, engenhosamente, afasta o cidadão comum do mundo das decisões políticas. Ele não participa delas, apenas assiste o vídeo da deputada recebendo a propina na reportagem da televisão e, atônito, a vê ser absolvida em votação secreta eletrônica. A deputada, até mesmo em seu discurso, não se defendeu, apenas disse que o delito foi cometido antes de se tornar deputada. Eleição aqui funciona como na época da venda de indulgências.

Lia: A frente parlamentar contra o voto secreto está soterrada pelo corporativismo do Congresso. Hoje, foi a vez da deputada, amanhã, pode ser a de algum outro apanhado com a mão na cumbuca. O biombo salva mandatos e joga todos na mesma pocilga, ainda que muitos não mereçam. Lança suspeitas sobre todos, contribuindo para o perigoso desprestígio do parlamento, um órgão essencial para o funcionamento da democracia. Iguala os partidos na falta de ética e de moral, enaltecendo o desprezo pela opinião pública e pelos cidadãos, que arcam com o vexame de não ver aprovada em sua totalidade uma medida que poderia ser o pontapé inicial da reforma política. As manifestações agendadas no Facebook para o Sete de Setembro, Dia da Pátria, em várias cidades do Brasil, foram um alento. Eram passeatas cidadãs que se converteram no motor de uma mudança, mais do que desejável, necessária.

Wal: O grupo das sombras continua dormindo em berço esplêndido, como se nada estivesse incomodando a sociedade brasileira. Acreditam no mito de que o povo não está organizado e nunca vai tomar qualquer atitude porque está anestesiado pelo futebol, novelas, reality shows, videogames, telefone celular, carro popular, crédito na praça, minha casa minha vida, tênis e calça de marca, enfim, o paraíso do novo consumo. Não há tempo para se preocupar se há ou não uma reforma política no país para pôr fim aos escândalos que a mídia teima em divulgar. Toda semana, às vezes todo dia, há um escândalo em foco, ou é o prefeito, ou é o governador, ou é o ministro, ou é um apaniguado de algum membro da elite dirigente. Alguns, por ainda acreditar em uma identidade ideológica, e outros, porque recebem alguma vantagem do Estado, cerram fileiras no coro que afirma que a mídia vive de denuncismo. Enfim, acabou o voto secreto para cassação, mas não para as demais atividades parlamentares.

Ari: Então, anotem aí. Em uma única canetada o governo do Rio de Janeiro demitiu 700 funcionários e dois secretários. O motivo seria o mau atendimento ao cidadão ou baixo desempenho no trabalho? Não. Foram demitidos porque o partido que apoiava o governo mudou. Então, não estavam empregados. Estavam pendurados, recebendo dinheiro do contribuinte. É possível até que muitos nem trabalhassem, uma vez que se 700 são demitidos e o atendimento não piorou, é sinal que não faziam falta. Para ser contratado não é necessária qualificação, mas apenas pertencer ao partido político certo. Na opinião de vocês, qual é a melhor maneira de contratar funcionário público?

Lia: Nesse processo de tiroteio sobre a cabeça do cidadão/contribuinte/eleitor não se dispara contra o regime democrático, nem contra os que estão empenhados em, pelo menos, pôr para fora do governo os que são pilhados enchendo os bolsos com o dinheiro público. Não há pudor dos fornecedores dos governos em afirmar que apresentam preços exorbitantes, e que cabe aos gestores zelar pelo caixa. Se o governo paga, por que não aproveitar a oportunidade? Mesmo que seja necessário dar uma propina para o traficante de influência, bancar a candidatura para senador, ou deixar o jatinho da corporação à disposição dos bem relacionados com a máquina pública. Muitas vezes, esses aviões são usados diretamente por governadores, senadores, deputados e, até mesmo, presidentes de órgãos estatais. A situação é de conhecimento geral, graças à mídia, que não para e constrange, do motorista de táxi ao pedreiro, do empregado doméstico ao diretor de uma empresa.

Téo: As ruas estão exigindo, ainda de forma não organizada, uma reforma política no Brasil que dê um fim a essa bandalheira que, muitas vezes, se mistura com o financiamento de campanha, na qual o caixa dois se tornou recorrente entre nove em cada dez políticos. Uma reforma deveria ser feita pelo Congresso, lá onde estão os representantes legalmente eleitos, mas que, diante do imobilismo, estão perdendo a legitimidade. Não podem trancar a gaveta onde estão os projetos de reforma e divulgar que este ano não pode porque é véspera de eleição, no ano que vem também não pode porque tem eleição, no outro... Enfim, os movimentos sociais começam a dar sinais de vida nas ruas. As redes sociais estão bombando comentários, críticas, reproduções de artigos, vídeos e, agora, chamamento para reuniões públicas. Se isso funciona ou não, pergunte ao Kadafi, Mubarak e companhia. A sociedade sabe o que quer, não sabe, ainda, como fazer. Há parlamentares lúcidos, éticos, comprometidos com o interesse público no Congresso. Cabe a eles liderar a reforma antes que o povo a faça.

Irany: Alguém já disse no passado que é impossível servir a dois senhores simultaneamente. A lição foi esquecida por boa parte dos políticos do país. Teoricamente, representam o povo, mas, na prática, representam os financiadores de suas campanhas. É raro um político que não tenha recebido doações de campanha, legais ou não. Os doadores olham para isso como um investimento e não um ato de cidadania para eleger quem quer que seja. E se é um investimento, exige retorno. Vão ter que explicar para os acionistas porque bancaram o candidato. O retorno tem que ter contrapartidas que engordem o resultado da empresa. Não há meio termo. É uma operação econômica e contábil como outra qualquer. Em se tratando de uma democracia representativa, os representados são os grupos econômicos e não a população. Esta é chamada para cumprir sua parte, ou seja, eleger os que se apresentam na propaganda eleitoral. Diante disso, a democracia brasileira não decola, mas a classe política descola de seus eleitores, que são meros instrumentos no processo de conquistar o poder. Mais uma vez, comprova-se que não é possível servir a dois senhores.

Wal: Nessa lógica, o cidadão para ser representado no poder, precisa financiar a campanha eleitoral. De certa forma, ele já faz isso indiretamente, uma vez que o tal horário eleitoral não é gratuito, pois as empresas de comunicação abatem o valor nos impostos que têm para pagar. Claramente, pouquíssima gente daria dinheiro do próprio bolso para custear uma campanha. O tempo em que políticos diziam que "não eram farinha do mesmo saco" passou. Eles já não vendem bottons, flâmulas, programas, livros, fotos para fazer caixa. Já não aglutinam pessoas que acreditam em suas ideias e fazem trabalho voluntário. É muito mais fácil recorrer às doações das empresas. O volume de dinheiro é maior e é muito mais fácil prestar contas para alguns financiadores do que para milhares de simpatizantes inoportunos e críticos. Com o descolamento evidente na representação, apenas alguns poucos têm, de fato, um representante no poder. Por isso, as bancadas são dinâmicas, ora o parlamentar faz parte da bancada do agrobusiness, ora da indústria automobilística, ora do alumínio, ora do transporte, ora dos bancos, ora bolas. Ninguém faz parte da bancada popular? Poucos, como se pode constatar pelo noticiário.

Irany: É possível que muitas pessoas sejam refratárias ao financiamento público de campanha. Os impostos que pagam não são suficientes para bancar nem o sistema público de saúde e de educação e ainda vão ter que financiar campanha? Já não chega o que foi desviado para os fabulosos estádios de futebol, futuros elefantes brancos? Além disso, há o temor de que o financiamento público permita que a oligarquia partidária se fortaleça, manipule as verbas em benefício próprio e use o poder para beneficiar os setores econômicos da sociedade. Esse imenso nó só pode ser desatado com o fortalecimento do espírito crítico e da cidadania. Somente o conjunto da sociedade atuante, consciente, focada no interesse público é capaz de fazer a democracia brasileira decolar.

Wal: Nas calçadas, as guias são colocadas nos acessos dos bairros mais distantes, pintadas de branco. É sinal que vai ter eleição municipal. As avenidas de acesso à cidade estão quase prontas, coqueiros ainda sustentados por escoras, e as últimas lombadas colocadas. As creches construídas com a tecnologia de pré-moldados são as mais adaptadas para ano eleitoral, uma vez que as construções ficam prontas na data combinada, ou seja, um pouco antes da proibição das inaugurações. Assim, é possível promover uma festa política, com fanfarras, alunos das escolas públicas, pais e mães emocionados e admirando o prédio novo. A mídia, subsidiada pela publicidade oficial, aumenta o espaço para a cobertura dos atos da administração. Está tudo pronto para a grande caminhada em direção à reeleição. Mas o povo precisa saber o que de bom foi feito com o dinheiro público. Ele esquece que tudo o que foi gasto saiu de seu bolso através da cobrança dos tributos.

Ari: Como já foi dito aqui, a maioria esmagadora luta pela reeleição. Prefeitos e vereadores se perenizam no poder, como ocorre em outros setores da sociedade. Se líderes sindicais ficam décadas no poder, por que não políticos? Os funcionários nomeados para cargos de confiança também se engajam para reeleger o governo anterior. Do administrador regional ao chefe de gabinete, todos querem permanecer, mas, para isso, precisam se empenhar na busca dos votos salvadores de cargos, salários e mordomias das mais diversas. Do carro com motorista à lista de convidados para eventos oficiais. Outros eventos como campeonatos, competições olímpicas, grandes shows de artistas pop, ou mesmo escândalos no Congresso, que levam à instalação de CPIs, deixam muito pouco tempo para a campanha eleitoral. Ela se resume no preciosíssimo tempo da tevê mercantilizado pelos partidos que formam as coligações. É um capital, que depois da eleição, se transforma em farta distribuição de cargos. Os mais cobiçados são aqueles que proporcionam contatos com os fornecedores de produtos e serviços para a cidade.

Lia: Há os líderes ocultos das campanhas, nomes que não ajudam nessa hora, como o dos fichas-sujas, mas que desempenham um papel importante no enchimento do caixa de campanha. Ficar a qualquer custo. Perpetuar-se no governo. Não abrir mão do que foi conquistado com grande esforço. A campanha municipal se resume à disputa entre os que querem permanecer e os que querem tomar o lugar dos que lá estão. Uma briga pura e simples pelo poder, pelas benesses dos cargos. Programas de governo, propostas para melhorar a cidade e teses urbanísticas não têm a menor importância. Só atrapalham o eleitor na hora de escolher. Muito melhor é selecionar promessas. Uma para cada bairro. Uma para cada distrito. Para isso existe um exército de "aspones" cuidadosos e diligentes. Prometer é a fórmula do sucesso. Uma ponte, uma pinguela, abertura de uma estrada, um portal, asfalto, liberação de áreas invadidas, legalização de loteamentos clandestinos, anistia para construções ilegais e muito mais. Há prefeitos e vereadores que, não satisfeitos com a perpetualidade, querem mais, querem a hereditariedade. Assim, preparam filhos e parentes para sucedê-los nos postos municipais. Em vez de um aprofundamento da democracia, a atual estrutura favorece o surgimento de oligarquias. Manipulação, pão e circo são os ingredientes do bolo paroquial servido pelos demagogos perenes.

Téo: As pessoas, consciente ou inconscientemente, se relacionam com o Estado, quer para exercer o direito de participar da escolha do governante, quer para obedecer a sinalização de trânsito para chegar em casa. O Estado permeia nosso cotidiano com as leis, governos, burocracia, forças armadas e policiais. Não é possível viver sem se relacionar com ele, a questão é quanto ele pode intervir na intimidade das pessoas a pretexto de organizar a sociedade em busca da felicidade, como disse o ex-presidente dos EUA Thomas Jefferson, principal autor da declaração de independência daquele país.

Wal: As ideologias políticas do século XIX defenderam sociedades com Estados fortes, e que teriam a missão de criar uma nova ordem social. Para isso, tinham poderes discricionários, outorgados supostamente pela sociedade para fazer o que aqueles que se apropriaram do poder do Estado julgassem que deveria ser feito. O resultado dessa ação todos conhecemos. Desde o século XIX, com Maquiavel, se discute a organicidade do Estado e suas limitações. Esse debate foi condicionado historicamente, e no final do século XVIII a burguesia liderou o processo de arruinar o Estado absolutista e advogar uma nova concepção fundamentada em um contrato social. Essa vertente, base da concepção liberal, se materializa com as revoluções inglesa, americana, francesa e o processo das independências das colônias ibéricas, contexto em que se insere o Brasil.

Irany: Todos estamos de acordo que o principal contrato é a Constituição, escrita ou não. O Brasil surgiu libertado no início do século XIX, sob a égide de um conflito que culminou com o fechamento da primeira Assembleia Constituinte. Portanto, o primeiro "contrato" foi imposto pelo soberano, que era o próprio

Estado, e se preservou até o advento da República. Assim, era uma carta outorgada e não uma constituição.

Wal: As constituições brasileiras, outorgadas ou não, foram redigidas e promulgadas pelas oligarquias dominantes, com mínima participação popular. Para aquelas, a única coisa que o poder respeita é o poder, como disse Maquiavel, o filósofo de Florença. Poder é a capacidade de mudar as coisas e dar forma ao Estado, como fizeram as oligarquias ao longo de nossa história, sejam elas oriundas do latifúndio, das indústrias, dos bancos ou de outros setores influentes da sociedade. Em sociedades abertas, geralmente, não se herda o poder; já nas oligárquicas ele é hereditário. As primeiras aprenderam que a melhor forma de consolidar seu poder é reconhecer os sinais de ameaça, e agir. Até mesmo propondo a redação de um novo pacto social e dessa forma não perder o poder. Cabe aqui, também, outra reflexão de Maquiavel, segundo a qual, os fracos não herdariam a Terra, mas os aliados terão mais chances de ajudar a herdar por eles. Pode parecer cínico, mas é o que consta em seu livro *O Príncipe*. A liderança da elite na organização do Estado brasileiro sempre foi a de projetar uma imagem de força para obter o aval da população.

Ari: Nessa linha, pergunto: Somos ou não programados para obedecer as autoridades? O "contrato" diz que sim. Fomos educados para obedecer ordens dadas pelas autoridades, e em nossa passividade, deixamos de assumir responsabilidades e obedecemos pacificamente. Não somos educados para desenvolver uma reação cidadã, democrática, popular. É bom lembrar que o "contrato" deixa claro que a autoridade vem com o cargo e que isso é inegociável. Outra lição de Maquiavel, que se aplica ao longo do tempo na nossa história, é que o medo é uma forma de conquistar e manter o poder. A educação escolar replicou durante muito tempo o dever de obedecer e não reagir ao que nossa consciência não aceita. É assim, porque sempre foi assim, e vai continuar sendo. Afinal, estar coletivamente errado é mais seguro do que estar individualmente errado.

Lia: As elites aprenderam com Adam Smith que a primeira superioridade para se introduzir a submissão é a qualificação de força. E a praticaram. Já Marx identificou a formação dessa elite ao escrever que "a compra da força de trabalho por um período fixo é o preâmbulo do processo de produção, e esse preâmbulo é constantemente repetido quando o prazo estipulado chega ao fim, quando um período definido de produção, como uma semana ou um mês, tenha decorrido". Ou seja, o que chamou de enriquecimento através da acumulação de mais valia ou excedente de capital.

Ari: Até mesmo a Constituição de 1988 foi fruto da vontade das elites organizadas, e o partido popular, representado pelo PT, recusou-se a assiná-la, ainda que, posteriormente, tenha aderido e se aliado às elites a que tanto se opunha. A ausência de participação popular e de organização das forças populares de pressão facilitaram o advento de um Estado tutelar, capaz de impor de cima para baixo as regras do contrato social. Esse elitismo se manifestou desde a primeira constituição republicana, e as elites se sucedem com o passar dos anos. Um grupo eleito, representante das elites, obtete a procuração para assinar o contrato em nome de todos. Um processo democrático, apenas aspecto formal.

Téo: A última constituição deixou uma brecha considerável ao abrir a possibilidade de elaboração das chamadas PECs, projetos de emendas constitucionais, uma saída para "aprimorar" o texto constitucional. A tradição mostra que nem mesmo o Estado cumpre com o contrato, uma vez que os governos têm mecanismos de desobediência. O Estado republicano nasceu laico e, no entanto, a moeda nacional diz que nós acreditamos em Deus, e os símbolos religiosos cristãos estão espalhados pelos prédios públicos até hoje. No Congresso, bancadas religiosas querem impor suas convicções a todos, como no caso do debate sobre o aborto, casamento homossexual e tantas outras questões.

Irany: O Estado aprimora suas defesas, que, no fundo, se resumem na manutenção da vontade e das concepções de vida da elite. Estas julgam que são o farol que vai nos conduzir a uma sociedade mais aberta, justa e solidária. Ainda não há organização comunitária, local, popular, e por isso não há cidadania. A maior parte da população brasileira continua sendo objeto e não sujeito de sua história. A identidade de um homem não pode mais ser avaliada socialmente apenas pelo que ele possui, mas pelo que faz. Parafraseando Edmund Burke (filósofo e político anglo-irlandês que viveu no século XVIII), a única coisa necessária para o triunfo da elite é que os demais não façam nada.

Wal: O comportamento da sociedade sugere que eu considere que o Estado invada a minha privacidade, quando atropela minhas convicções pessoais, mas é justo quando invade a privacidade dos outros para impor as minhas convicções. Isso demonstra que há uma disputa pelo controle do Estado, não para reorganizá-lo de uma forma democrática, mas para manipulá-lo, de acordo com os interesses de quem tem o poder. As mudanças ocorridas na sociedade brasileira na última década, os confrontos políticos, ideológicos, a ascensão econômica de novas classes sociais, a nova comunicação através das redes sociais, a globalização da economia e a impossibilidade de segurar notícia são os motores que movem essas mudanças. Afinal, quem não se movimenta, como diz Rosa Luxemburgo (filósofa e economista marxista nascida na Polônia), não percebe as correntes que o prendem.

Irany: Vou sair do campo teórico para o real. Um grupo de funcionários do Congresso ganhava até R$59 mil de salário por mês. Em média, os marajás recebiam R$42 mil mensais, pagos através dos impostos que todos recolhem. O teto salarial é de R$28 mil. Segundo o site congressoemfoco.com.br, mais de 1.100 funcionários do legislativo ganhavam acima do teto. A manobra é que eles juntam um salário fixo com uma gratificação obtida em outro órgão do governo. Uns são contratados pela Câmara e ficam comissionados no Senado. Salário duplo. Outros fazem o caminho inverso. Como vocês, contribuintes, se sentem bancando tudo isso?

Ari: Sinto-me mal. Chico Buarque e Gilberto Gil são os autores da mais inspirada canção social da MPB, *Cálice*. Nela, ele conta que o operário cheirava fumaça de óleo diesel. A Organização Mundial de Saúde divulgou uma pesquisa sobre câncer de pulmão. Desta vez, o vilão não é o cigarro e nenhum de seus derivados. É a fumaça do óleo diesel. Principalmente, a emitida por ônibus e caminhões movidos por motores a diesel. Entre os agentes cancerígenos, destaca-se o enxofre, muito comum no combustível produzido no Brasil. A má qualidade é marca histórica das refinarias brasileiras, construídas depois da Segunda Guerra Mundial, quando não havia nenhuma preocupação com a saúde das pessoas ou com o meio ambiente. De lá para cá o consumo explodiu com a economia na carroçaria de caminhões e a decadência das ferrovias e a navegação de cabotagem. A meta era abastecer a frota, não importando a qualidade do diesel. Qualidade é coisa que, na sociedade brasileira, se empurra para o futuro.

Téo: O enxofre é um grande vilão da má qualidade do ar, e contribui para que muita gente morra nos grandes centros urbanos. Nos países desenvolvidos os teores de enxofre são muito baixos. No Japão, é de 10 PPM (partes por milhão). Na Europa, a concentração máxima é de 50 PPM. Nos Estados Unidos, de 15 PPM. No Brasil, até 1994, o diesel possuía 13.000 PPM. Um assombro. Depois de grandes avanços na qualidade, melhorou substancialmente, mas não atingiu toda a produção. Por isso foi criado o diesel rural e o urbano. Deve ser um caso único no mundo. No campo, onde o vento varre a poluição para longe, o diesel tem hoje 2.000 PPM, enquanto o diesel metropolitano tem 500 PPM.

Lia: Há dois responsáveis diretos pelas mortes nas cidades causadas pela da poluição do ar. Um deles são prefeituras que não estabelecem os critérios de emissão permitem que veículos velhos, fumacentos, andem dia e noite, contaminando o ar. Não há um programa de controle de poluição automotiva. Pagou, licenciou e o povo que se dane. O outro responsável é a Petrobras, que produz o diesel de péssima performance ambiental. Diesel com 2000 PPM é um atestado da falta de compromisso de uma empresa gigantesca, que investe bilhões e não é capaz de melhorar a qualidade do combustível que vende para a população. É verdade, por outro lado, que não se trata apenas de uma questão de capacidade técnica, mas, também, da capacidade de resistir à pressão que o setor automobilístico exerce para adiar as metas de produção de combustíveis menos poluentes. Enquanto isso, aumenta o número de casos de câncer de pulmão, desta vez, de uma maneira democrática, vale para o peão e o gerente da *Construção*.

HERÓDOTO: Bem no meio desse fumacê, no bom sentido, é claro, vamos encerrar a reunião de hoje, e como se diz no Congresso que vocês tanto criticam: "Suas Excelências ficam convocadas para a reunião extraordinária que se realizará na próxima semana, uma vez que temos um feriado prolongado e ninguém aqui é de ferro. Está encerrada a presente sessão".

Provo

Nonas Provocações

Anona reunião dos executivos Téo, Wal, Irany, Lia e Ari foi recheada de intervenções sobre as conjunturas nacional e internacional. Alguns temas tocaram questões relativas à cidadania, e, mais uma vez, chegou-se ao consenso de se deixar os temas políticos eleitorais de lado, sob pena de criar um debate desgastante e que foge da proposta inicial dos encontros. Mais uma vez foi reafirmado que os encontros não são, propriamente, debates, apenas a exposição de opiniões e alertas sobre temas que os participantes consideram relevantes. Por exemplo, já se disse que países não têm amigos, têm interesses. Geralmente comerciais, econômicos, militares ou estratégicos. O dirigente de um país não é amigo nem inimigo de seu colega, enquanto ambos exercem seus cargos. No entanto, há um elemento simbólico sempre presente quando um visita o outro e eles se abraçam, dão as mãos e trocam sorrisos, ou vão a jantares, banquetes e inaugurações juntos. Em todas essas ocasiões, eles são os chefes de seus respectivos Estados, não são amigos. As imagens servem para passar à população que há amizade entre eles, o que colabora para que as pessoas vejam os estrangeiros com boa vontade e simpatia. É comum que assinem tratados comerciais ou de fronteiras, ou de cooperação de toda ordem, em cerimônias com alto grau de sofisticação, pompa e circunstância, protocolos e muita, mas muita imagem mesmo. Guardadas as canetas, dá-se continuidade a um trabalho que se iniciou meses ou anos antes. Ou seja, tudo aquilo foi preparado com grande antecedência pela burocracia, debatido exaustivamente entre as partes, aprontado nos mínimos detalhes, apenas para que os dois chefes aponham suas assinaturas diante das câmeras e em frente às bandeiras dos dois países.

A maior parte desse trabalho é realizado pelos diplomatas dos mais variados matizes e níveis hierárquicos. Na Antiguidade, ninguém cuidou melhor de aparelhar o Estado com um corpo diplomático competente do que a China. Inspirado no ideário de Confúcio, os chineses escolhiam os melhores para a carreira diplomática. Sabiam bem que as melhores vitórias são aquelas que não são disputadas no campo de batalha, com mortos e despesas imensas. Podem ser vencidas no campo diplomático, sem guerras, genocídios, despesas e destruição. Por isso, tratavam o corpo diplomático com o maior cuidado e os mestres chineses ensinavam que em uma negociação não se pode perder "a face". Ou seja, o que foi dito, acertado, tratado, combinado ou costurado não pode voltar atrás, sob pena de desmoralizar uma instituição de tanto valor para o Estado. Às vezes, quando todas as iniciativas fracassavam, era preciso deixar o diálogo e partir para a guerra. Uma vez decidido, não se poderia voltar atrás. Esse axioma foi seguido ao longo do tempo, e quando foi substituído provocou mais dano do que benefício, como a política do Big Stick inaugurada pelo primeiro Roosevelt, no início do século passado.

Ministros do exterior são tão importantes que, no Brasil, são chamados de chanceleres. Suas decisões ou declarações têm imediata repercussão internacional e, muitas vezes, valem tanto quanto a do Chefe de Estado. Assim, se um governo decide chamar seu embaixador em algum país de volta para consultas, a leitura é que alguma coisa grave ocorreu no relacionamento entre eles. Equivale a convocar o embaixador estrangeiro para dar explicações no Ministério do Exterior. Outro sinal de que as coisas não vão bem. Por isso, os Chefes de Estado confiam no conhecimento técnico dos diplomatas, pois um açodamento nesse campo pode resultar em prejuízos políticos e econômicos. É raro que um governante faça declarações de improviso sobre fatos que envolvam outros países, como conflitos internos ou externos. A prudência chinesa manda ler e não improvisar. Falar em público e diante de jornalistas o que vem na cabeça é altamente condenado, desde a época de Huang-Ti (imperador chinês na Antiguidade). E muitos a perderam por não controlar a língua.

Ari: Os países mais ricos do mundo consomem excessivamente. Os países pobres, não. Os países ricos têm o crescimento populacional controlado. Os países pobres, não. Obviamente, isso é um reducionismo, uma vez que os ricos dos países pobres também consomem muito e os pobres dos países ricos têm muitos filhos. Mas, sem dúvida, é o início da pintura de um cenário que mostra que não é possível viver de modo sustentável em um planeta com essas nuances. Um grupo de cientistas da Royal Society elegeu esse como um dos dois maiores desafios para a sobrevivência da sociedade atual e futura, ao lado do envelhecimento da população. O mundo atualmente é avaliado através do PIB — o Produto Interno Bruto —, ou seja, a soma de todas as riquezas produzidas por um determinado país. Crescimento ou recessão são frutos do comportamento do PIB, e desencadeiam uma série de consequências, para o bem ou para o mal. Portanto, aparentemente, a solução para a ameaça contra o planeta seria diminuir o consumo, o número de filhos, o desmatamento, o desperdício de comida etc.

Wal: Não podemos esquecer que o capitalismo, desde sua origem, é um sistema sem limites. Todas as empresas querem crescer 10% mais do que no ano anterior e repetem esse mantra todo ano. Quando as metas não são alcançadas, os funcionários não recebem participação no resultado e diretores são demitidos. Crescer é preciso. Assim, o teto é infinito para o resultado, faturamento, produção, produtividade, giro de capital, juros, matérias-primas, produtos primários e por aí vai. Contudo, como pode um planeta de recursos finitos conter uma economia infinita? Como um bilhão de seres humanos que vivem abaixo da linha da pobreza podem usufruir do consumo de produtos básicos? A pegada ecológica diz que já usamos uma vez e meia o que a Terra é capaz de repor. Isso pode nos levar ao término da resiliência do planeta, isto é, ele pode perder a capacidade de recuperação.

Irany: Se todo mundo consumisse o que os americanos consomem seriam necessários cinco planetas. Com tanto consumo, acumulação, luta pelas riquezas, o ser humano é feliz? Para responder seria necessário propor a substituição do PIB pelo FIB, a Felicidade Interna Bruta. Além das riquezas materiais, seria medido o bem-estar da população, o grau de satisfação do povo e se são ou não felizes. O Butão, pequeno país budista no norte da Índia, já utiliza o FIB. Levou a ideia para a ONU e tem o apoio de 69 outros países. Há um Instituto na Universidade de Columbia preparando uma metodologia para medir o FIB. Se é ou não uma utopia, não vai demorar muito tempo para se verificar.

Lia: O aquecimento global é uma realidade e, em poucas décadas, seus efeitos vão ser mais incisivos. Isso vai obrigar a todos, especialmente governos e corporações, a reavaliar a possibilidade de mudar o paradigma econômico mundial, ou seja, gerir uma economia com parâmetros finitos em um planeta finito. Mais uma tarefa a ser acrescentada aos trabalhos de Hércules, mas impulsionada pela necessidade de se preservar o único lugar, por enquanto, em que o ser humano pode sobreviver. A sociedade contemporânea está entrando na terceira fase da Revolução Industrial. Isso vai, mais uma vez, modificar a maneira pela qual a produção é concebida. No final do século XVIII, com a mudança no modo de produção capitalista, a produção doméstica nas casas de campo da Inglaterra foi sugada para as primeiras fábricas de tecidos. Mão de obra e maquinaria se juntaram em grandes galpões, a produção aumentou e as cidades incharam, rápida e dolorosamente.

Téo: Esse processo deu novo salto qualitativo com o advento da sociedade de massa, já no início do século XX. O símbolo dessa fase foi a produção do carro da Ford, modelo T, em uma linha de produção, na qual o chassi entrava em uma ponta e o carro saía pronto na outra. O consumidor podia escolher a cor que quisesse, desde que fosse preta. Uma avalanche de produtos. Essas duas etapas deixaram as populações urbanizadas mais ricas, competitivas, consumistas, mas não as fez mais feliz. Agora, o capitalismo do século XXI prepara em seu bojo mais um salto qualitativo em direção a uma terceira etapa. Suas evidências são a convergência de tecnologia, softwares cada vez mais ágeis, novos materiais, robôs mais completos, a comunicação via internet e novos processos produtivos como a impressão em 3D, como descreve uma edição da revista *The Economist*.

Lia: Pela primeira vez, ficou comprovado que existem coisas, no Brasil, que não existem em outros países. É o que se chama de "brasilidade". Não estou me referindo à jabuticaba, tapioca, feijão-de-corda, rapadura ou caipirinha, mas à existência de fantasmas de verdade. Não só aqueles que ficam pendurados em órgãos públicos, recebendo sem aparecer ou trabalhar, mas também as contas bancárias fantasmas. O deputado federal sempre negou que tivesse qualquer conta no exterior. No entanto, o Ministro do Supremo mandou repatriar 53 milhões de dólares de contas dele na Suíça, França, Luxemburgo e Ilhas Jersey. Como é possível repatriar contas fantasmas? Na opinião de vocês, este é mais um desafio para o Batman ou o Homem-Aranha? De quem estamos falando?

Wal: Eu também não sou boa de matemática. Por isso, peguei minha velha calculadora e dividi R$8,6 bilhões pelos 365 dias do ano. Cheguei a R$23,5 milhões por dia. Esse cálculo confirma a informação do economista Gil Castelo Branco no jornal *Record News*. O Congresso custa para o bolso do povo R$23,5 milhões por dia! No que será que gastam tanto dinheiro do contribuinte? Será que constroem pontes, estradas, pinguelas? Ou pagam salários de professores e médicos dos postos de saúde? Vocês já imaginaram o tamanho do ralo que tem em Brasília para escoar tanto dinheiro? Ele sai do nosso bolso para custear as despesas de deputados, senadores e servidores de toda espécie. Na opinião de vocês, existe uma forma de diminuir esses gastos?

Ari: A fábrica do passado era capaz de produzir um mar de produtos semelhantes, massificados, com as mesmas características, e o consumidor se sentia atendido. Muita gente queria os produtos eletrônicos de baixo preço, ainda que fossem estandardizados e não se percebesse a diferença entre um e outro. A fábrica, ou oficina do futuro, vai ser muito mais parecida com a velha produção doméstica inglesa do que com as grandes fábricas de Detroit, Manchester ou Xangai. O futuro aponta para a produção customizada, com um consumidor diferenciado, segmentado de acordo com suas posses, visão de mundo, necessidades específicas, crenças e desejos. Vai ocorrer um fracionamento na produção e, por isso, grandes fábricas não vão se adaptar a essa nova configuração do sistema industrial. Vão se tornar antieconômicas. Isso já é possível graças à tecnologia informática, que permite que um produto seja desenhado em um computador, enviado por e-mail para outro computador e impresso em uma impressora 3D. Essa máquina que hoje imprime, vai "fabricar" um produto, como mostram os testes.

Irany: Assim, o consumidor vai poder escolher o modelo de uma chave de fenda com desenho personalizado, comprar o direito de reprodução e "imprimi-la" em sua casa. Não vai precisar ir a uma loja de ferramentas, nem comprar um modelo comum. Para produzir chaves de fenda, precisa da impressora 3D e do material que vai ser moldado. Enfim, a fábrica como conhecemos hoje vai acabar. A produção, não.

Ari: Com essa nova tecnologia e montagem de produtos, de posse de poucas ferramentas informáticas já é possível produzir em uma vila do interior da África ou em sua garagem. Uma equipe de engenharia no deserto, ou em uma plataforma de petróleo em alto-mar, pode imprimir boa parte das peças de manutenção que precisarem. O mesmo em um supermercado. O sistema de *suply chain* (cadeia de suprimentos) também vai mudar. Os novos materiais serão muito mais duráveis e, cada vez mais, a fibra de carbono vai substituir o aço e o alumínio. Nanotecnologia, engenharia genética e outros avanços moldam a Terceira Revolução Industrial. Isto quer dizer que os empregos não estarão nas fábricas. Vai haver um refluxo, e os produtos não vão mais ser fabricados, necessariamente, na China. Haverá uma tênue separação entre serviço e produção. Há uma volta à produção local, porém, dentro de novos parâmetros. O processo histórico está novamente se acelerando, o que sinaliza que vivemos em uma fase de transição de uma organização econômica para outra. Os novos condicionantes estão sendo desenvolvidos e cabe a cada um de nós entendê-los para não ser atropelado pelo futuro.

Téo: Quero voltar ao tema meio ambiente. As questões ambientais são democráticas. Atingem ricos, pobres, países dos dois hemisférios e qualquer ser humano que esteja pendurado no planeta. O marketing das corporações, a propaganda dos governos e a caixa de boas intenções das ONGs estão cheios de ideias e propostas. Isso é bom. Pelo menos, no papel, todo mundo quer manter Gaia viva e sadia para receber as gerações de filhos e netos que vêm por aí. Ninguém em sã consciência destruiria o ambiente onde os seus descendentes vão viver, e ninguém quer contribuir para que a humanidade desapareça ou viva no caos. Todos sonhamos com uma sociedade segura, ética, igualitária, educada e solidária. Não se trata de mais uma utopia, como tantas que já foram divulgadas e morreram porque se mostraram inviáveis. No passado, a humanidade podia se dar o luxo de errar e continuar existindo, no presente, não. Há uma ameaça, corroborada por nove entre dez cientistas, de que o planeta está aquecendo por causa da ação humana, ou seja, nós colocamos em risco a nave que nos conduz no espaço infinito. Não é uma ameaça extraterrestre, como na *Guerra dos Mundos*[1], são os passageiros que ameaçam derrubar o avião em que todos voam.

Wal: As primeiras constatações são óbvias, o que é bom. Concluímos que só com educação seria possível economizar metade da energia gasta nas cidades. Com o uso racional da água seria possível ter estoques para enfrentar os períodos de secas, como a que atinge o nordeste brasileiro. A pior dos últimos 30 anos. Trocar calçadas por blocos permeáveis e jardins na frente das casas e nos espaços impermeáveis dos prédios ajudaria a abastecer os lençóis freáticos. Impedir o assalto aos mananciais com os loteamentos clandestinos e a ocupação desordenada também ajuda. Plantar árvores na porta das casas, prédios e estacionamentos amenizaria os impactos de calor, secas e enchentes. Em nossas casas, separar o lixo reciclável do orgânico, destinando-o aos catadores e empresas de reciclagem, impede os imensos lixões e gera renda para muita gente. Lavar calçadas e carros com água de reúso auxilia a suprir casas que não têm abastecimento. Instalar fossas de plástico para recolher o esgoto onde não há coleta nem tratamento é uma medida para despoluir rios, córregos e represas.

---

[1] Livro de H.G. Wells, muitas vezes adaptado para o cinema, que conta a história de uma invasão da Terra por alienígenas.

Lia: Vou acrescentar mais algumas sugestões. Andar a pé até a padaria, o templo ou à feira livre ajuda a emitir menos poluentes no ar, e a saúde respiratória da população melhora. Apagar as luzes supérfluas nas residências e empresas vai impedir novos e custosos investimentos em grandes hidroelétricas ou usinas a petróleo ou carvão, recursos que podem ser aplicados em outras melhorias. Trocar o impermeável e escuro asfalto por macadames ajuda a não acumular calor. Telhados pintados de branco refletem a luz do Sol e esfriam os ambientes com a dispensa dos aparelhos de ar-condicionado. Caixas de papelão no lugar de sacolinhas plásticas contribuem para a decomposição do lixo orgânico. Há uma lista enorme de pequenas atitudes que podem atenuar as mudanças climáticas, o mais recente algoz da sobrevivência do ser humano. Os pequenos e importantes passos dependem de educação. Só de educação, a base sólida para o desenvolvimento social humano.

Irany: Tudo isso mostra que educação não se restringe às salas de aula das escolas, sejam quais forem. A educação precisa ser abraçada pela sociedade civil, inicialmente nas casas, depois em toda sorte de aglutinação de pessoas, como empresas, igrejas, clubes esportivos, de serviços, sindicatos, condomínios, sociedades de amigos de bairro e toda sorte de aglomerações. A maior parte dessas ações depende apenas da vontade, e sem custo econômico. Depende da educação para a vida, para a preservação de Gaia, que pacientemente aguarda sua vez. Somos sete bilhões de seres humanos espalhados pela crosta da Terra, em todos os continentes. Os líderes comunitários precisam se engajar pela preservação do espaço de todos. Os sinais de esgotamento são visíveis. Educar agora é muito mais do que adquirir cultura ou cidadania, significa sobrevivência em um planeta de recursos finitos, que tem todos os anos sido espoliado de muito mais do que pode recuperar. Mais do que um alerta dos que vivem com os olhos abertos, é uma necessidade, e quanto antes começar, menores serão os danos para todos.

Ari: A Justiça decidiu que casais estrangeiros ou brasileiros residentes no exterior possam adotar crianças brasileiras. Hoje existem seis mil crianças esperando adoção. Há resistência no Brasil para a adoção de crianças mais velhas ou de grupos de irmãos. Os estrangeiros não se preocupam com isso na hora da adoção. Há mais de 30.000 pretendentes no país, casais ou solteiros, e, com isso, todas as crianças poderiam ter um novo lar. Todos sabem da importância da família na formação de meninos e meninas. Na opinião de vocês, a Justiça acertou ou errou ao permitir que crianças brasileiras sejam levadas para outros países?

Téo: Desde tempos imemoriais, o ser humano tenta subjugar a natureza. Ora para sobreviver, ora para fazer dela uma fonte de enriquecimento sem limites. De um jeito ou de outro pensou e construiu formas de controlar os fenômenos naturais para implantar uma revolução agrícola e se afastar da fome e da miséria. Desenvolveu a revolução industrial para proporcionar produtos que pudessem ser adquiridos em todo o planeta e, ao mesmo tempo, consolidar um sistema econômico de dominação e concentração da riqueza em determinados espaços em detrimento de outros. Agora, desenvolve a sociedade do consumo e do conhecimento e transforma a Terra em uma comunidade que está há poucos segundos de distância uma da outra, graças à comunicação digital e seus derivativos.

Wal: Para isso, é necessário avançar ainda mais no controle da Natureza, ainda que ela insista em resistir, reagir, mandar sinais de que não vai aceitar sua destruição sem levar consigo tudo que criou. Inclusive os seres humanos. Há um limite. Ela é finita, mas a ambição, não. Essa contradição não pode se aprofundar, sob pena de tudo voltar ao caos original. A vitória sobre a Natureza só se pode obter pela obediência, disse o filósofo Francis Bacon. Ele também tinha como objetivo tornar o ser humano senhor da Natureza. Tornar-se o senhor não quer dizer subjugar, escravizar, maltratar, espezinhar, vilipendiar, impor sua vontade a ferro e a fogo. Ninguém, nenhum povo, e muito menos a Natureza, podem ser subjugados para sempre.

Lia: Falando da Natureza, é no interior de sua estrutura íntima que se desenvolve a antítese através da resistência, revolução ou mudanças das condições ecológicas que sustentam a vida. Em um determinado momento histórico a reação aflora e não há força capaz de impedi-la de se manifestar. Se não houver sucesso na primeira erupção, virá uma segunda, uma terceira... Segundo Bacon, o ser humano, para governar, não subjugar, a Natureza, deve respeitá-la e obedecer às suas regras fundamentais. Uma é reconhecer os limites do que pode retirar dela, outra é identificar até onde a Natureza pode estar à mercê de seus planos ambiciosos identificados com o consumismo desenfreado e acumulação de riquezas a qualquer custo. Como nunca antes na história da humanidade, a ciência está capacitada e à disposição dos países, governantes, CEOs, líderes políticos e religiosos para entender o que se passa no planeta. Há instrumentos cada vez mais exatos e sofisticados para comprovar a realidade material e até onde a Natureza é capaz de sustentar a existência da vida humana.

Irany: No entanto, nem mesmo a ciência é capaz de derrubar definitivamente alguns mitos que são alimentados pelos homens, conscientemente ou não. Eticamente ou não. Kepler, o responsável pelo nascimento da astronomia, por mais que se apegasse à ciência para explicar os fenômenos do universo, nunca conseguiu se livrar totalmente dos mitos da astrologia. Ainda hoje ela faz sucesso e é um produto altamente vendável. A humanidade não pode mais alegar que não sabia dos limites do planeta que vive e da paciência da Natureza com uma de suas criações. Há limites, como há limites para uma criança mimada que chora na porta de uma loja de brinquedos em um shopping. Ainda há pessoas sensatas, muitas vezes rotuladas de catastrofistas militantes. O bom senso é, ardilosamente, confundido com o pessimismo, reacionarismo ou ser refratário ao progresso e ao direito de cada ser humano ter um grande wagon, 4x4, automático, com teto solar e motor de 200hp na porta de casa.

Téo: Vocês pagam um plano de saúde? Ele é extensivo a sua família? O plano cobre despesas odontológicas com direito aos caríssimos implantes? Ele cessa quando você para de pagar, ou é vitalício? Vocês gostariam de ter um plano de saúde com direito a hospitais de ponta, inclusive aquele que trata dos presidentes? E se tudo isso fosse pago não por vocês, mas por um tal de contribuinte? Para ter tudo isso é muito fácil. Basta se eleger em uma das três vagas de senador de seu estado e pronto. Na opinião de vocês, seria melhor que eles fossem atendidos pelo SUS?

Ari: Houve uma mudança no modo de produção no campo brasileiro no final da década de 1960. Até o Estatuto da Terra[2], o modo de produção pré-capitalista existente ainda se sustentava com trabalho não assalariado. Meeiros, tarefeiros, retireiros, boiadeiros e "colonos" trabalhavam nos grandes latifúndios e ficavam com parte da produção. A relação de produção não era monetarizada. Ainda existia o escambo de um saco de feijão por um bezerro, ou uma vaca por um arreio completo. De lá para cá, as relações capitalistas se impuseram, colonos foram parar nas cidades, viraram boias-frias e assalariados. Finalmente, o capitalismo se instalou e a velha fazenda de origem colonial se transformou em uma empresa com contornos de gestão profissional. Não era mais o filho mais velho o responsável pela direção da fazenda, podia ser um gerente contratado, formado em uma escola de administração, economia ou engenharia rural.

Wal: O acesso aos mercados rurais, o acompanhamento dos preços nas Bolsas, a venda de commodities e o financiamento privado consolidaram uma nova paisagem no campo brasileiro. Dela emergiu uma elite riquíssima, com seus senadores, deputados, prefeitos e frequentadores dos shows dos grandes artistas sertanejos. Carrões 4x4, moda country, bares e restaurantes típicos passaram a ser o sonho de consumo da juventude dos empresários do campo. A globalização, a abertura dos

---

[2] A forma como se encontra, legalmente, disciplinado o uso, ocupação e relações fundiárias nos países.

mercados, a concorrência e a fome no planeta impulsionaram o aumento da produtividade e a queda do custo de produção e do produto final. As grandes multinacionais entraram firme nesse mercado oferecendo agrotóxicos, fertilizantes químicos, sementes geneticamente modificadas, maquinário de grande porte e suporte técnico e científico.

Téo: A EMBRAPA virou a Petrobras do campo. Nesse contexto houve uma conexão, até então, impensável, das multinacionais com o empresariado rural. Essa aliança ficou evidente durante o processo de aprovação do Código Florestal, quando era possível ver pelos corredores do Congresso ruralistas e diretores de empresas fazendo lobby, em conjunto, pelos mesmos interesses. A nova burguesia rural se aliou, como era de se esperar, com as empresas que atuam no campo. Formaram um forte meio de pressão. A aliança se torna, a cada dia, mais firme, uma vez que os ruralistas oferecem nomes para as eleições e as empresas apoiam com recursos. A formação de uma burguesia rural deu uma dimensão dinâmica à economia nacional, fundiu-se com outros setores empresariais e, hoje, desbancou a importância da indústria no crescimento econômico.

Irany: Não é um absurdo afirmar que a Confederação Nacional da Agricultura é mais importante que a FIESP. Ela é responsável pelos constantes saldos da balança comercial, que, por sua vez, equilibram as contas-correntes nacionais. O embate político da ascensão e liderança de uma nova classe social vem, de um lado, do proletariado rural e, de outro, dos ambientalistas. Uns, como os antigos operários das montadoras do ABC, querem mais salário, benefícios sociais e participação nos lucros. Os ambientalistas denunciam o assalto que o setor promoveu contra a natureza e a forma predatória como produzem. Para as novas empresas rurais, isso é uma forte dissonância. Se quiserem se equiparar com outros setores econômicos têm que adotar a governança corporativa e o compromisso com a defesa do meio ambiente. Esses discursos já são repetidos pelas lideranças ruralistas, não só no Congresso como nos seminários e encontros corporativos. Para ser ruralista não é necessário morar na fazenda, assim como Henry Ford não morou na fábrica de carros. Escritórios e residências estão fincados nos Office Center das cidades, e as vivendas, em condomínios de luxo. Há uma mudança consolidada na sociedade brasileira.

Wal: A formação de uma burguesia dinâmica, ligada ao agronegócio no Brasil, foi possível graças à liberalidade para a apropriação de terras do Estado, ao espírito empreendedor desse novo segmento social, à globalização e à transformação da produção em commodities com preços nas Bolsas mundiais, principalmente em Chicago. Houve uma inserção das fazendas e seus produtos na economia capitalista, o que resultou na adoção de métodos de gestão corporativa, concentração de terras e rendas, e formação de uma elite social e política, especialmente no Centro-Oeste do Brasil. Não se pode comparar as exportações de produtos primários, agrícolas, minerais ou animal com o período colonial porque os contornos da economia são totalmente diferentes.

Ari: O capitalismo, no século XVI, ainda vivia uma fase de acumulação, o regime colonial era o do monopólio do comércio pela metrópole portuguesa e a mão de obra era escrava. A única semelhança com o período colonial é o tamanho das propriedades. Eram e são latifúndios. Portanto, o termo "plantation", caro a Caio Prado Júnior, Darcy Ribeiro e Celso Furtado, se refere a outro estágio das relações econômicas. O avanço sobre terras foi incentivado pelo Estado, nas décadas de 1970 e 1980. Já no século XXI, houve a omissão do Estado para essas apropriações, ou seja, os que detinham o poder político entendiam que essa forma predatória era a única capaz de "desenvolver" o Brasil.

Téo: Muito diferente do que ocorreu nos Estados Unidos, no século XIX, quando o governo incentivou uma corrida para o Oeste e milhões de pequenos proprietários se estabeleceram em terras que eram originalmente indígenas. No caso brasileiro, houve um ataque contra a floresta e o cerrado, considerados um entrave a ser suplantado custasse o que custasse. A mata, os animais e os índios eram um obstáculo para o progresso e, para isso, era preciso força, tecnologia e financiamento estatal. A conjugação desses três elementos proporcionou a "abertura" de novas fazendas, graças às ações dos supertratores, que arrastavam correntes derrubando o que surgia pela frente. Depois, era só por fogo no que ficou no chão. A etapa seguinte era o gado ou a agricultura intensiva voltada para a exportação.

Irany: Diferente do período colonial, quando poucos ergueram sua voz contra a destruição da riqueza natural do Brasil. José Bonifácio foi um deles, e, hoje, há um aguerrido conjunto de organizações não governamentais, ligadas ou não a entidades religiosas nacionais e internacionais. A floresta é um patrimônio da humanidade, quer queiram ou não os ultranacionalistas. O embate não se dá apenas entre os sem-terra e a burguesia rural, mas também entre esta e os ambientalistas que pertencem a outros status sociais. Daí a divulgação pelas entidades ruralistas de que há um falso dilema entre a agricultura globalizada, criação de gado e meio ambiente. Afinal, ecologicamente, mesmo depois de toda a destruição do interior, o Brasil ainda é um dos países mais bem preservados do mundo. Tanto que, o ruralismo rebate os que querem colocar limites no avanço contra a natureza, divulgando que não é preciso derrubar nem mais uma árvore para aumentar a produção de gado ou de soja. Os embates, até pouco tempo restritos ao país, ganharam contornos internacionais, e os exemplos mais eloquentes são as reuniões da ONU e outras entidades globais. Não há volta, é para onde aponta o processo histórico tantas vezes citado aqui.

Ari: Quem não conhece o ditado popular que resume bem a disposição de algumas organizações, do manda quem pode e obedece quem tem juízo? É uma máxima do taylorismo, a administração de cima para baixo, sem a menor possibilidade de contestação por parte de quem está lá para obedecer. O chefe tem um mandato da empresa, ou da organização, e vai dividindo esse poder com os escalões inferiores. Numa estrutura como essa, todo mundo tem que ser chefe de alguma coisa. A ligação entre os diversos segmentos é o medo. Este comanda a produção. Todos temem a demissão ou o ridículo, hoje atenuado pela lei que restringe o assédio moral.

Wal: Ainda assim tem empresa desnecessário que põe o nome do funcionário no quadro, quando ele não atinge a meta. Com foto e tudo. Até mesmo as redações de jornalismo se contaminaram com isso e estão compartimentadas em chefes e subchefes de alguma coisa. Dá status nas reuniões com colegas, afinal, não basta apenas se apresentar como jornalista. Alguém já disse que é preciso parecer que se manda em alguma coisa, pois alguém pode acreditar.

Téo: O poder é a base de apoio do Estado. Ele dá aos cidadãos o direito de obedecer ou não às suas regras. Mas ele também tem a força. Não proíbe pegar propina para favorecer uma determinada empresa, mas pode punir, se isso for comprovado. Está na lei. Se não estiver baseado na lei aprovada pelos representantes da sociedade, trata-se de um Estado autoritário. Ele manda e todos obedecem, sob pena de serem punidos severamente. Nas ditaduras mais sangrentas a punição pode ser a pena de morte, como na China, que dá esse destino aos corruptos. Bala na nuca, paga pela família, como denunciam as organizações de direitos humanos. O Estado democrático permite que haja uma margem de manobra para se aceitar ou não as determinações capituladas nos códigos. Uma vez não cumpridas, ele se mune da força para obrigar a fazer. Há, portanto, uma clara distinção entre o poder e a força.

Lia: O poder pressupõe a alternativa de se fazer ou não. A força não deixa essa alternativa. Um homem pode chicotear um gato no sobrado que mora e deixar uma janela aberta. O animal tem a alternativa de pular ou morrer sob as chicotadas. Diz a tradição popular que o gato salta. Tem a esperança de escapar da queda e da morte. Se for agredido em um cômodo fechado, sem alternativa, está à mercê da força de seu agressor. Só lhe resta atacá-lo, ainda que tenha poucas chances de vencer. Há inúmeras situações sociais em que o poder é exercido democraticamente e acatado. Tem mais poder quem lidera em determinadas situações. Mais liderança, mais poder. Um comandante de avião, quando diz que é preciso atar o cinto de segurança, é imediatamente obedecido pelos passageiros. Ainda assim, alguém pode se recusar. E correr o risco de quebrar o pescoço. Amadurecimento, cidadania, conhecimento, bom senso e liderança são os pré-requisitos para se decidir. Foi com essa avaliação que os revolucionários americanos se revoltaram contra os excessos da nobreza inglesa e os franceses contra o absolutismo dos Bourbons.

Irany: A loteria é um jogo de azar. Milhares pagam e um único ganhador abiscoita a bolada. No dia seguinte, muita gente vai dormir sonhando que vai ficar rica, e acorda mais pobre. Corre de novo para a loja lotérica. Loteria é o imposto dos tolos, disse Adam Smith, mas é provável que ele não entendesse nada de loteria. Estados e municípios querem que o governo federal crie mais uma loteria. Desta vez, o dinheiro seria para pagar os aposentados e pensionistas. Não é só o INSS que tem rombo, mas as previdências municipais e estaduais, graças à gestão política e com os amigos nos postos principais. Na opinião de vocês, o governo federal deveria atender e criar mais uma loteria?

Lia: Após o fim da Segunda Guerra Mundial, os países estavam destruídos pelas bombas e pela irresponsabilidade dos seus governantes. Montes de escombros para todo lado e as experiências nucleares sobre o Japão. Uma tal destruição que Albert Einstein, perguntado como seria uma terceira guerra mundial, respondeu que não sabia, mas que a quarta seria de arco e flecha. Parte da juventude morreu, e famílias desapareceram nos campos de batalha ou nos bombardeios das cidades. Não seria fácil reconstruir aquela nação, por isso, mesmo no auge da insanidade, os comandantes preservaram algumas pessoas porque sabiam que precisariam delas nessa hora. Preservaram os professores.

Wal: Segundo uma pesquisa do IPEA, metade dos universitários formados em física, matemática, medicina ou pedagogia não querem ser professores. Preferem se dedicar a outras profissões, mesmo tendo a licenciatura, que os habilita a dar aula. São consultores, engenheiros, médicos, assessores de toda sorte. Obviamente, cada um tem o direito de escolher a profissão que lhe aprouver. Dar aulas é um bico, um emprego para completar o orçamento doméstico, sem grande compromisso. Por exclusão, e não por opção, muitos estão nas salas de aulas das escolas públicas e privadas. Portanto, a motivação é muito baixa, se é que existe.

Irany: Como dissemos em uma de nossas reuniões anteriores, eles são mal pagos, como toda a sociedade sabe. Segundo uma pesquisa do sindicato dos professores de São Paulo, a metade já sofreu algum tipo de violência ao lecionar. Contudo, há algo mais que desestimula o professor. Ele não tem o apoio da comunidade onde trabalha. Não é valorizado socialmente. As pessoas não reconhecem a importância de seu trabalho na construção do Brasil. Os pais não comparecem às reuniões, e a comunidade, salvo exceção, não adota a escola. Um local de gente alegre, alunos inquietos, professores motivados, direção comprometida com o interesse público, muita festa cívica, jogos, campeonatos, fanfarras e desfiles, desapareceu. Os prédios são lúgubres, com polícia na porta para coibir o tráfico, alunos perdidos e mestres desmotivados. Será preciso uma guerra para mudar essa paisagem?

Téo: É inevitável que o esporte seja também contaminado com os métodos de gestão e comunicação do mundo corporativo. Competência, evolução gerencial, aprimoramento intelectual e comunicação eficiente cabem em qualquer lugar. Em clubes ou em federações esportivas.

Wal: A comunicação de uma corporação não se processa pelo que passa na cabeça de um líder, nem ele tem mandato para falar sobre o que bem entender. Tem limites e é treinado para "alinhar" o que vai ser dito, ou seja, vai se inteirar das *key messages* escolhidas pela corporação. Qualquer desvio disso pode resultar em dano para a imagem da empresa, na perda de credibilidade e admirabilidade. Em alguns casos, custa o emprego do entrevistado. A relação entre líder e liderados também não pode ser a de papai e seus filhinhos, como recentemente mostrou a seleção de futebol. Líder não é chefe, chefe não é professor, e professor não é "papito".

Ari: A estratégia de comunicação corporativa no esporte já chegou ao Brasil, e foi usada pela CBF na Copa do Mundo. O esquema armado para a "copa das copas" foi amador, uma vez que ficou evidente que muito pouca informação era dada nas entrevistas coletivas. Qualquer diretor de comunicação corporativa sabe que os jornalistas querem fatos, informações, notícias, números, enfim, matéria prima para que possam desenvolver as reportagens, favoráveis ou não, é um mero detalhe.

Wal: Contudo, os organizadores da comunicação contaram que boa parte dos jornalistas era desinformada, mal preparada, "amigos" da casa e, portanto, poderiam ficar tranquilos com o resultado. O que se viu, antes e depois das vitórias e das derrotas, foi uma péssima comunicação. Uma empresa desenvolve comunicação porque sabe que, com isso, mantém e conquista clientes e que ela é importante para a marca. No caso da empresa CBF, que é dirigida como se fosse um órgão governamental, a necessidade de falar não se dá pela pressão dos acionistas, mas pelos torcedores.

Irany: Ficou evidente a estratégia. O *coach* tentou posar de CEO, *chief executive officer*. O jogador escolhido a dedo para participar da entrevista era o "porta-voz" do grupo. Os demais foram mantidos à distância, longe dos jornalistas que, salvo exceção, não tiveram entrevistas exclusivas. O jogador decorou as respostas que deveria dar. As entrevistas de Neymar foram mais importantes que os treinamentos. E ele estava treinado, com as *key messages* evidentemente decoradas, provavelmente urdidas nos escaninhos da CBF, do governo e de sua própria empresa, cujo chefe é o pai. Não o papito. O CEO, Filipão, mais experiente, usou a técnica do "embromation".

Wal: Diante da pressão da torcida e de centenas de veículos de comunicação, tudo ficou mal explicado e muito pouco se aproveitou da experiência da comunicação corporativa. Foi um arremedo. A exposição das marcas dos patrocinadores na tapadeira atrás dos entrevistados deu mais prejuízo do que resultado. Enfim, o que mais funcionou foi a técnica da blindagem, muito usada no mundo político, mas ineficiente no mundo corporativo. No mundo do esporte ela é imprescindível, principalmente em dias de derrotas humilhantes.

HERÓDOTO: A ideia desses encontros foi fugir da linguagem e dos objetivos técnicos do mundo corporativo. Mas isso é quase impossível, uma vez que todos atuam nessa área. Depois, as corporações, quer queiram, quer não, estão imersas não só no mundo econômico, financeiro e tecnológico, mas também no universo social e político da sociedade, nem sempre de uma forma ética. Há frequentes denúncias de que algumas são corruptoras e que é desta forma que obtêm negócios lucrativos.

Provo

ações

Décimas Provocações

A última reunião do grupo foi muito animada e todos se dispuseram a fazer um balanço dos dez encontros. O principal atributo, voltando para a linguagem corporativa do dia a dia, foi a riqueza e diversidade dos temas tratados. Todos deram uma contribuição importante, como se vê nesta última reunião. Costuma-se, no mundo corporativo, buscar a vitória a qualquer preço.

Já se disse que a história é feita pelos vencedores e não pelos vencidos. Aceitar essa afirmação é enterrar de vez que a história é uma ciência humana, que possui metodologia própria e busca retratar os fatos com isenção. O mesmo se dá com o historiador, ele não pode "torcer" para este ou aquele personagem, este ou aquele fato, movido apenas pela paixão. Obviamente, emite opinião e em seus textos aparecem suas preferências, até mesmo por uma determinada classe social, mas isso é feito dentro de um critério de formar convicção isenta e ética sobre o que escreve. Assim, o competir com ética é tão antigo como os jogos olímpicos gregos. Não se admitia que ninguém ganhasse usando expedientes escusos, de baixo nível, para se obter a vitória. É verdade que até pouco tempo, no mundo corporativo, era a vitória pela vitória, e para isso, todos estavam liberados para sair em busca do domínio do mercado e a derrota do concorrente, com os olhos vermelhos, dentes pingando sangue e se possível dedos nos olhos dele. Não se aceita mais esse tipo de vitória, nem mesmo entre os fabricantes de cerveja.

Imagine em uma prova de atletismo, na qual um corredor bate com a mão em outro, que rola pelo chão e simula um soco no rosto, esperando que o árbitro suspenda a prova e desclassifique o "agressor". Ou em uma competição de judô, em que um dos lutadores simula que levou um pontapé na região genital, rola de dor e urra até que o árbitro desclassifique o adversário. Ou, ainda, um ciclista na reta final da prova, prestes a ser ultrapassado pelo segundo colocado, que simula uma queda e derruba todo o grupo. A prova é anulada até que todos se recuperem. Ninguém espera que em uma competição esportiva, na qual deve prevalecer o espírito do "vença o melhor", que alguém lance mão de algum expediente torpe ou simule uma contusão provocada pelo adversário. É impensável, está fora do espírito olímpico, é inaceitável pelo público. O uso de drogas, flagrada com exame antidoping, é punido com severidade. Alguns não voltam nunca mais a competir.

No campo de futebol, tudo isso não vale. O espetáculo não fica restrito à habilidade e genialidade dos jogadores. Há o show. Um show de baixo nível, igual àqueles teatros das proximidades de rodoviárias. Assim, um jogador se joga na área e cava um pênalti, que é convertido, por outro, em gol. Com a TV e a internet, o mundo todo percebe que ele fingiu, e ainda assim dá uma entrevista na qual reitera que foi derrubado propositadamente pelo adversário. Ou um atleta que aproveita um lance mais disputado e dá uma dentada no adversário. Imediatamente arrependido do que fez, simula que levou um soco no rosto e sai rolando pelo gramado. Mais uma vez, o olho eletrônico escancara a simulação. Por que o futebol tem essa característica que raramente se vê em outras modalidades esportivas, até mesmo mais violentas, como o rugby e o hóquei sobre gelo? A simulação é da essência do ludopédio, como um folclórico deputado queria mudar o nome do esporte, ou de algumas regiões do mundo onde é praticado? O futebol, ou *soccer*, ou ludopédio, abre uma ampla gama de possibilidades para estudos de ética e moral.

Irany: O sistema capitalista, tal como se conhece hoje, se consolidou na segunda metade do século XVIII com o advento da Revolução Industrial. Nessa época, se empregou maciçamente o trabalho assalariado, uma mudança no modo de produção, dizem os marxistas. Ou seja, o capitalismo nasceu das entranhas do feudalismo e o matou. Na outra ponta, o economista tcheco Schumpeter viu o mesmo fenômeno e chamou-o de destruição criativa, isto é, para uma sociedade ou mercado se desenvolver é necessário o rompimento com os sistemas antigos e a adequação às novas tecnologias e comportamentos. Os operários ingleses que vieram do campo aprenderam a trabalhar com máquinas e passaram a morar nas cidades, com todas as mudanças que isso pode significar.

Téo: Uma reforma política desejável não se compara com uma mudança no modo de produção. A não ser que seja revolucionária, como tantas vezes aconteceu no mundo. Algumas derrubaram o feudalismo para implantar o capitalismo. Outras derrubaram o capitalismo para implantar o comunismo. Outras ainda implantaram totalitarismos com a dupla face de capitalismo de estado com fortes programas sociais, como o fascismo e o nazismo. Portanto, reforma é um arranjo. Pode começar com o desejo de se implantar um sistema baseado na honradez e na verdade.

E prosseguir com a certeza de que todo crime será punido. Num sistema moral, ninguém vai ser considerado suspeito só porque foi eleito deputado. Nem acreditar que a legislatura futura será sempre pior do que a atual.

Lia: O fato é que uma atitude moral precisa atingir a todos. Não só os políticos, mas os cidadãos em geral. Afinal, os políticos saem da sociedade. Ter vergonha na cara vale para todos, dos que dão dinheiro para o guarda não multar até os que foram demitidos, voltam a trabalhar, mas não querem a carteira assinada para continuar recebendo o salário desemprego. Na sociedade em que vivemos, alguns pensadores anunciaram mudanças incríveis: Nietzche anunciou a morte de Deus; Foucault, a do homem; Fukuyama proclamou a morte da História. No entanto, ninguém ainda decretou a morte da ética e da moral. É por isso que há esperança para reformas, sejam elas quais forem. Dependem de vontade política e não de alguns políticos. Deve ir na direção da construção da democracia e não da plutocracia. Deve ser aberta, transparente, com regras do jogo claras e não urdida em conchavos atrás das portas ou nos escaninhos. Quem pode movimentar tudo isso se não o cidadão imbuído de espírito público?

Téo: Vale lembrar que os grandes líderes sempre utilizaram o emocionalismo para conseguir quem os seguisse. Júlio César, quando marchou sobre Roma, de volta das guerras na Gália, incitou seus homens a segui-lo, mesmo com a ameaça do Senado de mandar prender a todos por desobediência. Outros líderes, como Cortez, optaram por outros métodos para conseguir fidelidade. O conquistador do México mandou queimar os navios para que ninguém ousasse pensar em abandoná-lo e voltar para Cuba. Napoleão usou e abusou do emocionalismo misturado com promessas mirabolantes para ter os soldados em seus calcanhares. Prometia dividir o butim obtido com a invasão das ricas cidades italianas. Todos voltariam ricos para casa.

Wal: Com o advento dos meios de comunicação de massa, foi possível emocionar muito mais gente. Nos estádios do III Reich, nas avenidas de Roma ou nas praças de São Petersburgo. Milhões de pessoas foram sensibilizadas, inebriadas e seguiram seus líderes em caminhos que terminaram em grandes tragédias. O discurso cavalgado na emoção de toda ordem, do ódio ao amor, é capaz de movimentar povos e manter o poder nas mãos de partidos e líderes. Faz parte dessa emoção a promessa de encontrar a terra do leite e do mel, da fonte da juventude, da sociedade totalmente igualitária e solidária. Prometem a Cidade do Sol. Todos serão felizes. A escolha racional busca o estadista e não o político. Este não tem carreira longa. A história mostra que chegam ao topo nos ombros de milhões, mas logo cansam e são apeados. A democracia está alicerçada na escolha racional, na busca dos melhores através da reflexão e da consciência crítica, na identificação dos estadistas. Estes procuram desenvolver um diálogo racional com seus liderados. Plantam ligações sólidas, transparentes, realistas, sinceras, com a nação e sabem que não são perpétuos no poder. Têm dignidade até quando são substituídos por outros líderes, sabem que a escolha eleitoral foi racional, que prevaleceu a consciência crítica e, portanto, é hora de dar lugar a outro. Preservam a dignidade, não se envolvem em querelas que turvam o horizonte, dão sua contribuição para o desenvolvimento nacional com sabedoria e não com demagogia. Enfim, na era da hiper comunicação, quando alguém pode ser linchado porque o apontaram como um bruxo na internet, um dos grandes desafios é conciliar comunicação e cidadania.

Ari: Como vocês sabem, a sigla VIP significa *Very Important People*, ou "gente muito importante". É preciso que vocês paguem para terem direito a uma sala VIP no aeroporto. Para as autoridades que embarcam em Brasília pela sala VIP quem paga também são vocês. Custa R$650 mil por ano e saem do imposto arrecadado do povo. O atendimento privilegiado inclui serviços como emissão, alteração e cancelamento de bilhetes, apoio e segurança das autoridades, realização de check-in, despacho de bagagens e acompanhamento online dos horários de chegada e partida dos voos. As salas estão em lugares discretos, longe do populacho. Na opinião de vocês, eles deveriam pagar do próprio bolso pela sala VIP?

Lia: São capazes de alegar que não ganham o suficiente. Gostaria de dizer que os militares estiveram presentes na história da república brasileira desde a fundação em 1889, mas por bom tempo não agiram como um partido político. Foram eles que derrubaram o império, comandados por um general monarquista, e ocuparam os dois primeiros mandatos. Deodoro e Floriano. O primeiro mandou fechar o Congresso, o segundo governou de forma ditatorial. Na década de 1920, participaram ativamente dos movimentos conhecidos como tenentistas e não conseguiram derrubar a oligarquia do café com leite. O exército não conseguiu tomar o poder nem mesmo na Revolução de 1930. Mas tentaram. O movimento foi comandado por um civil, o governador do Rio Grande do Sul, Getúlio Vargas. Quando chegou vitorioso à capital do Brasil, o Rio de Janeiro, enfrentou e venceu os ministros militares que afastaram o presidente Washington Luís e tentaram se perpetuar no poder. Vargas resistiu e assumiu como presidente do governo provisório.

Ari: É, mas foi durante a ditadura do Estado Novo que o exército se organizou, tornou-se uma instituição orgânica e passou a influenciar decisivamente. Nasceu um embrião de partido verde-oliva. Graças à aproximação de Vargas dos Estados Unidos, ele se modernizou, obteve armas e enviou um contingente para lutar na Itália. Nesse período, os generais ganharam uma importância na condução do país como nunca tinham experimentado, e nem mesmo com toda sua habilidade Vargas conseguiu dominá-los. O ditador foi deposto por um golpe militar e os chefes impuseram o nome de um deles para a presidência, general Eurico Dutra. Daí para a frente, o exército esteve envolvido diretamente nas crises políticas que se seguiram: suicídio de Vargas, posse de Juscelino, renúncia de Jânio, instalação do parlamentarismo com João Goulart e o golpe de 1964.

Irany: Todos se lembram de que os militares ascenderam ao poder por 21 anos. A ideia de um salvacionismo, isto é, uma intervenção cirúrgica e retorno do poder aos civis, se desfez. O exército passou a agir como se fosse um partido único, com uma doutrina própria, liderança institucional e monopólio do poder. E, como todo partido, dividiu-se em duas alas, a linha dura e a "Sorbonne". Elas passaram a disputar a Presidência da República com visões diferentes da realidade brasileira, porém, concordavam que deveriam permanecer no poder pelo tempo que entendessem achar necessário. A disputa pelo poder entre generais das duas facções quase provocou uma luta armada quando um grupo defendia a abertura política e o outro era contra. Bombas, espionagem, atentados, ameaças de golpe de estado, censura, torturas e reuniões conspiratórias foram realizadas pelo grupo contrário à volta da democracia, que só ocorreu 21 anos depois do golpe civil militar de 1964. Desde então, o partido verde-oliva deixou de existir, sufocado pela constituição democrática de 1988.

Wal: Quantas vezes vocês já foram reconhecer uma firma? Reconhecimentos de firma, ou assinatura, passar uma escritura, procuração ou outros serviços básicos são feitos nos cartórios de notas. Ele é uma repartição pública dirigida por um tabelião, escolhido por concurso. Segundo o site *Migalhas,* esses cartórios faturaram, em 2013, R$1,2 bilhão. Um único cartório no Rio de Janeiro faturou, em 2013, R$38 milhões. Há cartórios espalhados por todo o Brasil cujos atuais titulares não querem nem saber de concurso para efetivação. Na opinião de vocês, quem leva vantagem em ser titular de um cartório como esse? É necessário tanto reconhecimento de firma?

Téo: Um dia, uma velhinha chega no açougue do supermercado e pede uma determinada marca de mortadela. O atendente tenta vender a ela outro produto, certamente de qualidade inferior.

A boa senhora não hesita e pergunta: "Meu filho, qual é o seu nome?". "Juvenal", responde o simpático atendente. Ela, de forma contundente, diz que não vai trocar o produto com um "Nem a pau, Juvenal". Certamente, ela não estava se referindo ao velho Juvenal que viveu no Império Romano e escreveu algumas sátiras sobre a vida política local. Foi ele quem descobriu que os imperadores usavam de uma astúcia para não atender às reivindicações populares. Distribuíam para o povo pão com o trigo barato que vinha do Egito e da Sicília. Um pão bem seco, que ao entrar em contato com o estômago inchava e tirava a sensação de fome dos miseráveis de Roma. Mas, e para encher a cabeça deles?

Ari: Em Roma, tudo se compra, definia Juvenal sobre como se dava o acesso aos cargos mais poderosos. Para isso, era preciso comprar o sossego dos miseráveis empanturrados de trigo. Era preciso, também, encher a cabeça do populacho. Recorria-se aos espetáculos no circo onde a multidão se refestelava ao ver homens e animais serem sangrados. O povo delirava e voltava satisfeito para suas taperas. Daí nasceu a expressão pão e circo. Gladiadores, leões e cristãos alegravam as tardes dos anestesiados. Longe da arena, os políticos se apropriavam das riquezas, dividiam os botins, assumiam os mais altos cargos e participavam de animados festejos dedicados ao deus Baco, os bacanais.

Téo: Por mais complexa que fosse a burocracia romana, Juvenal perguntava: "Quem vigiará os vigias?" Graças ao desenvolvimento do nacionalismo doentio, foi possível criar uma alternativa para anestesiar o povo de suas reivindicações: o inimigo externo. Esse artifício é para ser usado em situações de crise, quando há ameaça de uma rebelião popular e as estruturas de privilégios correm risco de os aproveitadores serem flagrados. Juntar todos sob uma mesma causa, seja ela por um pedaço de terra, um arquipélago, uma pseudoagressão militar ou ainda um time de futebol com a camisa nacional, o "manto sagrado". Os adversários se transformam em inimigos e, enquanto dura a porfia, lança-se mão de tudo o que pode ajudar na vitória: rezas, promessas, gritos, palavrões, tudo regado com refrigerante nacional e cerveja, esta, agora, liberada no Coliseu contemporâneo. A obra da arena romana, tocada pelos escravos, custou muito pouco, mas o velho Juvenal, indignado com o espetáculo, ainda acreditava que nenhum culpado pode ser absolvido pelo tribunal da própria consciência. Ele se referia ao império dos césares.

Wal: Mais parece cena de uma certa república. Tenho um caso curioso. Ele é proprietário de um bar na região sul de São Paulo. É uma área da cidade onde predomina o crime organizado e os moradores sabem quem são os representantes do PCC. Ele compra motos roubadas e despacha para o Maranhão nos porões dos ônibus clandestinos que saem da Praça Princesa Isabel, bem no centrão da cidade. Para levar uma moto, o preço é de uma passagem. Gente ou moto custam a mesma coisa. Da mesma praça partem outros clandestinos para o norte e o nordeste do país. A moto chega no destino, é vendida e o comprador se acidenta. A polícia do Maranhão descobre o esquema e liga para o dono do bar. Ela quer R$8.000 para deixar tudo limpo. Há negociação e a mordida cai para R$6.000, afinal, ele tem que dar, também, alguma coisa para a polícia civil paulista. Parece ficção, mas não é. A corrupção está capilarizada no país, e não são apenas os colarinhos brancos que se envolvem em negociatas para encher o bolso. A maracutaia está democratizada, sofisticada, e atende parte da população que não tem condições de comprar produtos legais. Misturam-se ladrões, receptadores, policiais corruptos, motoristas piratas, e outros personagens não identificados.

Lia: "Sou, mas quem não é?", dizia o personagem mau caráter e corrupto criado pelo genial Chico Anísio. É um tapa na cara daqueles que acreditam que a sociedade só será justa e tranquila quando todos se limitarem a agir no campo da ética. Os exemplos são os piores possíveis. Parece que o refrão do samba "se gritar pega ladrão, não fica um, meu irmão", não é apenas um poema musicado. É a mais pura realidade. O cidadão toma consciência de que não se pode investigar nada porque se descobre sujeira, antes restrita aos políticos, agora também no judiciário, graças à ação do Conselho Nacional de Justiça e da ex-corregedora Eliana Calmon. Não dá mais para comparar o cofre público com um queijo suíço, não cabe tanto rato, é melhor comparar com uma madeira atacada por cupins, cabem muito mais.

Irany: Tenho mais um exemplo. Além dos assaltos diretos ao cofre, abastecido com o pagamento de impostos pelo distinto público, eles recebem "pagamentos" contra a prestação de "serviços de consultoria" que nunca fizeram. Usam os mais ardilosos artifícios, como criar uma microempresa que recebe de pagamento de um único cliente mais do que fatura o ano inteiro, e contrata um deles como "assessor". A manutenção dessa central de propinas, que mantém vivo o tráfico de influências, sai sempre do bolso do contribuinte. Seja através de superfaturamentos, seja de entidades que também recebem verbas públicas. O povo paga sempre. A mídia descobre e divulga um verdadeiro bacanal, que se desenrola atrás de um biombo que vez ou outra cai, mostrando o que se passa lá atrás. Todo mundo pego no flagra. Não há biombo que resista a uma investigação, seja de um órgão controlador, seja da mídia jornalística. Os escândalos se sucedem e ninguém tem o monopólio da sacanagem, que está disseminada.

Lia: O verso do Lupicínio ficou totalmente démodé: "E vergonha foi a herança maior que meu pai me deixou". Afinal, sou, mas quem não é? Conheci um eterno candidato de um pequeno partido, que nunca foi eleito, mas sempre esperado na propaganda eleitoral obrigatória no rádio e na televisão. Ele usava um bordão para encerrar sua participação de alguns segundos, que, a princípio, provocava risos, depois reflexão. Ele gritava: "Peroba neles!" Em poucas palavras denunciava o que considerava um assalto ao dinheiro do contribuinte e a maneira malandra que os acusados continuavam tranquilamente na vida política. O grito poderia inspirar que alguém pegasse um porrete de madeira de lei e desse uma cacetada na cabeça do distinto. Nada disso, ele era um pacifista. Além disso, peroba é uma daquelas árvores que estão ameaçadas de extinção pelas derrubadas cruéis que a soja e o gado fazem nas florestas. O conselho era para passar óleo de peroba, excelente para a conservação de madeira, na cara dos políticos. Enfim, era uma maneira sutil de chamá-los de cara de pau.

Téo: O cara de pau é um personagem emblemático na política brasileira, e há casos antológicos, mentirosos contumazes, de sorriso plastificado, presentes em todas as solenidades públicas e que nunca reagem quando são chamados em público de ladrão ou corrupto. Não se abalam, não demonstram que sentiram o golpe, não babam na gravata, não se avexam quando entram no avião e são apontados discretamente, e estão sempre no centro das fotos ou, pelo menos, como papagaios de pirata. Eles são os autênticos caras de pau, têm explicações para tudo, mesmo as mais absurdas, que distribuem para todos em todos os lugares. Com isso se perpetuam na vida política do país. É preciso arte, treino e estômago de avestruz para ser tão eficiente.

Wal: Fazer parte do governo e manter uma assessoria que presta serviços junto ao próprio governo, é no mínimo, um conflito de interesses. É o mesmo que um jornalista que trabalha de manhã como assessor de imprensa de uma empresa, time de futebol, prefeitura ou outro órgão público, à tarde trabalhasse em um veículo de comunicação. Ou seja, em um caso ou no outro, em um determinado momento, ele vai ter que escolher a quem vai trair. Não é possível servir a dois senhores simultaneamente. Da mesma forma, se um consultor é um ministro, parlamentar ou mesmo um jornalista, ele deveria se afastar dessas funções enquanto estivesse exercendo a outra. Imagine um deputado, de importância no partido que está no poder, com boas relações com o presidente e toda a máquina pública aparelhada, a quantidade de informações privilegiadas a que pode ter acesso. Um pedido seu para um cliente tem um peso enorme e pode ser decisivo para se ganhar uma concorrência de uma obra de grande porte. Ou uma concessão pública qualquer. Ou aliviar uma investigação mais profunda. Ou conseguir que um processo seja engavetado por décadas, até que caduque e fique tudo por isso mesmo.

Ari: Já se disse que, no Brasil, uns são mais iguais do que outros. Por isso, alguns possuem passaporte diplomático e outros não. Supõe-se que governantes e membros do Itamaraty tenham o documento, uma vez que faz parte do seu trabalho. No entanto, porque deputados e seus familiares têm direito ao passaporte diplomático? Quando uma autoridade viaja, tem que levar a esposa, namorada ou filhos? Ninguém fica na fila, nem esperando a liberação das malas nos aeroportos? Vocês gostariam de ter um passaporte diplomático e ser mais um dos "espertos" no país dos trouxas?

Irany: Montar uma assessoria é uma atividade legal como qualquer outra. No entanto, quando o chefe é um político, tem mandato ou cargo, ela se converte em uma válvula de escape para justificar as propinas e o enriquecimento rápido, inexplicável para o contribuinte cidadão comum que levanta cedo, trabalha muito e não tem a mesma fortuna acumulada. É uma saída para não ser pego com um Land Rover na garagem ofertado por uma empreiteira. Sinais externos de riqueza podem motivar reportagens investigativas embaraçosas. Não que venham a ser apeados do poder, ou tenham um ataque súbito de vergonha e se suicidem diante das câmeras de televisão, mas são desagradáveis, atingem a família, o chefe cobra mais discrição, e por aí vai.

Wal: Se vocês pensam que o personagem vai ser demitido, ou pedir demissão, mais uma vez se enganaram. O chefe justifica que não aceita pressão, como se a democracia não fosse feita também com pressão, e ele aceita o conselho do eterno candidato e compra uma caixa de óleo de peroba, e todos os dias após o barbear lustra a cara de pau. E pau na máquina. O dono da bola é o cidadão brasileiro. É para ele que existem o Estado, o governo, as instituições e os serviços públicos. Para ter tudo isso que caracteriza um país moderno ele precisa também pagar os impostos. Ele mantém todas as estruturas com o dinheiro que ganha honestamente com seu trabalho. É fiscalizado rigidamente por essas mesmas estruturas que avaliam se ele diz a verdade em sua declaração de rendimentos. O Estado custa para ele meses e meses de trabalho. No final do ano, recolheu um R$1,6 trilhão. Toda essa massa de dinheiro vai custear a máquina pública, seja ela qual for. Paga todos os funcionários do Estado, sejam concursados ou não. Todo mundo recebe salários diretos e indiretos.

Téo: Há uma clara divisão entre os que preferem os serviços públicos e os que preferem os particulares. Em uma pesquisa recente do Datafolha, 37% dos eleitores de São Paulo preferem pagar mais impostos, mas ter atendimentos de saúde e educação públicos. De outro lado, 57% preferem pagar menos imposto e contratar saúde e educação privadas. Em 2013, a carga tributaria bateu nos 36% do PIB e o total de imposto arrecadado chegou a R$1,6 trilhão. Um recorde comemorado por poucos. Se tivessem que escolher entre uma e outra proposta, com qual ficariam?

Ari: O dono da bola tem seu próprio orçamento. Todos os meses verifica seu extrato bancário e fiscaliza cada tostão gasto. Se sobra alguma coisa põe na poupança ou compra um bem ou serviço que julga importante. Ele não abre mão de controlar cada tostão, ganho com suor. No entanto, apesar de ter destinado uma massa de dinheiro imensa ao longo do ano, não recebe nenhum extrato para saber como o Estado gastou o que ele depositou na forma de tributos. Tem quem faça isso por ele, tribunais, fiscais, departamentos e uma infinidade de opções. Ele não teria condição de ver tudo isso, tem que cuidar de suas próprias contas, é muito complicado e toma muito tempo. Por isso, delega o controle para terceiros. Ele paga também por isso, como quando contrata um investimento no banco e se cobra uma taxa de administração.

Lia: Imagino que esse tal dono da bola não sabe quanto ganham seus funcionários. Não sabe se além do salário um ministro do Supremo, ou um senador, ou um reitor, ou um deputado estadual, recebe outras vantagens, como auxílio-moradia, carro com motorista, despesas de viagem, plano de saúde, plano odontológico, diárias, e outros subsídios. Só paga, nada mais. A estrutura do Estado se acostumou a não dar satisfações para o dono da bola. Para que existem os tribunais e os órgãos de controle? Há uma dissociação entre a máquina e o contribuinte. A máquina se acostumou também a se auto regulamentar e aumentar os próprios salários e uma miríade de benefícios.

Ari: O dono da bola não abriu mão do direito de saber com clareza para onde vai a bolada que paga de imposto. O Estado tem obrigação de informá-lo, sem usar de artimanhas para enganá-lo. Assim, do Presidente da República ao diretor do hospital, do governador ao professor, do senador ao reitor, do presidente do Banco Central ao diretor do aeroporto, todos têm que mostrar o quanto recebem. Não o que fazem com seu salário. Por isso, nenhum funcionário tem que se exaltar quando chamado a divulgar o que ganha. Nem mesmo o presidente do Supremo Tribunal Federal.

Irany: Ser utópico é ser um sonhador com os pés no chão. Imaginar uma sociedade mais humana, digna, distributiva e pacífica é ser um utópico. É um sonho que pode ser alcançado. Além das riquezas materiais, os carrões, os tablets, os resorts, os passeios no Mediterrâneo, as roupas de grife, os cartões de crédito, os celulares, os móveis da moda, é preciso ir além. Tudo isso é bom, mas não é o suficiente. O que adianta um belo apê se ele precisa ficar cercado de grades? Um tênis de corrida, se na primeira esquina o filho é assaltado, e volta para casa, quando volta, descalço? É utopia desejar uma sociedade com valores éticos e morais na qual, pelo menos, as pessoas obedeçam e façam obedecer a lei? Imagine o nosso país com reforma política, cadeia para corruptos e corruptores, participação social e cidadã, reforma do judiciário, recuperação do dinheiro desviado dos cofres públicos, financiamento público de campanhas, imprensa livre, mobilização social. Isso é utopia? Sim. É uma utopia possível.

Téo: Não estamos longe disso. O filósofo italiano renascentista Tommaso Campanella também escreveu uma utopia. Imaginou uma cidade ideal à qual deu o nome de "A Cidade do Sol". Essa é a sua obra mais importante e que lhe custou perseguições, inclusive da Inquisição. Graças à amizade que tinha com o Papa da época, escapou e fugiu para Paris, onde morreu. Campanella retrata no livro uma cidade imaginária ideal, naturalista, guiada por princípios divinos. Na Cidade do Sol, não existiria qualquer tipo de propriedade, nem familiar, nem privada, já que todos os bens obrigatoriamente estariam a serviço de todos. Ele era um sonhador, tal cidade onde todos trabalhariam oito horas, descansariam oito e se divertiriam também oito horas, jamais existiu. Ele dizia que os trabalhadores braçais deveriam ganhar mais do que os banqueiros, por que seu trabalho era mais pesado. O sonho do filósofo não se concretizou, os seres humanos não estavam preparados para isso.

Irany: Nossa utopia é bem mais simples e possível de se realizar. O primeiro passo seria a formação de uma consciência crítica, cidadã, participativa e fiscalizadora do poder público. Acabar com a corrupção não é construir uma Cidade do Sol. É muito menos. É um passo que pode ser dado se a sociedade quiser, se as pessoas se juntarem em pequenas células populares e passarem o modelo adiante. O "contágio" logo faria com que o país fosse coberto por uma malha de células, interligadas e com conectividade entre todas, como uma imensa mandala. Nessa teia logo cairiam os primeiros insetos que insistem em levar vantagem em tudo. As mudanças que precisamos podem ser rotuladas de utópicas, mas são factíveis, dependem única e exclusivamente de cada um de nós.

Ari: A imagem dos gestores do Estado, sejam eles políticos, técnicos ou magistrados está ficando mais clara para o cidadão comum. Não só porque os meios de comunicação de maior porte dedicam um espaço amplo para a publicação de reportagens investigativas, mas porque as novas mídias sociais oferecem as mais diversas informações e interpretações sobre esses personagens. De quebra, há livros com biografias ou reportagens mais aprofundadas sobre como o poder se mexe no Brasil. Isso mostra o vigor da democracia em construção e, certamente, vai tomar novos contornos nos próximos anos, queiram ou não os que controlam hoje os poderes do Estado. Há um redemoinho de ideias, informações, opiniões e investigações que pululam entre os mais estranhos *gadgets* eletrônicos. Ninguém fica esquecido, seja para o elogio, seja para a crítica ácida e demolidora.

Wal: Os dominadores do Estado usam e abusam de seu poder econômico, político e jurisdicional para plantar as notícias que interessam para a perpetuação no poder de seus detentores e colher melhores resultados de aprovação popular. Vale tudo, até economizar recursos necessários para saneamento básico, educação, saúde e defesa do meio ambiente para investir em propaganda e publicidade. Não é mais possível distinguir uma coisa da outra quando o Estado, em suas diversas formas, as patrocina. Há comerciais de 30 segundos, assessorias de todo tipo, sites, blogs, disparo automático de e-mails, releases de toda ordem, enfim, com dinheiro público é mais fácil. No meio dessa guerra midiática, fruto das transformações econômicas e tecnológicas do nosso tempo, o cidadão comum tem condições de formar sua própria opinião, ainda que alguns continuem achando que o povo não sabe votar.

Lia: E os partidos políticos utilizam com perfeição o ferramental disponível para vender a melhor imagem possível. Usam e abusam de programas políticos pagos pelo contribuinte, e seus personagens não dispensam nem edição, nem photoshop, nem maquiagem. Que mal tem? Contudo, entre a imagem que se quer passar e a percepção que o cidadão tem desses personagens há uma distância considerável. São personagens distantes um do outro. A confusão só não é maior porque há legendas com nomes. Em determinados momentos é difícil crer que o personagem na propaganda oficial dos partidos ou dos governos é o mesmo do noticiário. O conteúdo do que fala não bate com as informações publicadas na velha e na nova mídia a seu respeito. Os solavancos políticos e sociais vividos hoje são sintomas da jovem democracia brasileira, que, quer queiram ou não, se consolida e ganha contornos de maior participação popular. Os que têm consciência, entre os contribuintes que mantêm tudo isso, são os mais ativos, o que é indiscutivelmente um progresso.

Wal: Uma das responsabilidades da mídia jornalística é jogar luzes nas estruturas do Estado para que o cidadão que o constitui e o sustenta tenha condições de acompanhar seus movimentos. Essas estruturas podem ser de qualquer poder do Estado, sejam elas na área do executivo, legislativo ou judiciário. A tradição jornalística brasileira é de cobertura dos escaninhos dos palácios do executivo e dos gabinetes de Suas Excelências, os parlamentares. Entretanto, a mídia sempre dedicou muito pouco espaço para o noticiário do Poder Judiciário, como se ele fosse o menos importante dos três. Essa tradição remonta à carcomida e obsoleta Voz do Brasil que vem do período da ditadura de Getúlio Vargas.

Em uma hora de um programa chatíssimo, menos de dez minutos são reservados para a Justiça. As polêmicas levantadas pelo Conselho Nacional de Justiça e sua corajosa corregedora, Eliana Calmon, abriram um espaço nunca antes visto na história deste país. A reação foi imediata, escancarando o corporativismo liderado pelas associações de magistrados e pelos próprios ministros do Supremo. O interesse da opinião pública, do Zé Povinho, do pagador de impostos, foi de tal monta que os mais empedernidos passaram a acusar os jornalistas de erodirem a imagem do Judiciário e a colocar a democracia em risco. Enfim, a culpa é da imprensa. A opinião pública não precisa ser consultada, nós sabemos a resposta da opinião pública. Essa frase é de um ex-presidente do Conselho Nacional de Justiça, e adversário do órgão que dirigia. O CNJ, mesmo contra a vontade de seu presidente, aprovou a resolução proposta pela ex-corregedora Eliana Calmon, que proíbe magistrados de participarem de eventos patrocinados por empresas privadas em hotéis e resorts de luxo.

Téo: O debate perdeu o eixo. Não se discute se há ou não conflito de interesses quando os juízes e desembargadores se hospedam em hotéis de luxo pagos por empresas. Muitas delas têm conflitos judiciais. Poderia se discutir se a opinião pública suspeitaria que alguma empresa pudesse ser beneficiada bancando as despesas. O que se discute é que o assunto seja debatido em audiência pública, com o distinto público, sustentáculo do Estado. Debater sim, mas intramuros, em *petit comité*, só com a diretoria. O populacho, o povão, a "curinthianada" não pode e não deve meter o nariz. No fundo, a culpa não é dos carregadores do andor, é da mídia, dos jornalistas, dos veículos de comunicação, que insistem em acompanhar sessões do CNJ e divulgar o que lá se passa.

Ari: É verdade que a corajosa corregedora esteve frequentemente na mídia. É ela que abriu as portas dos tribunais e dos fóruns para que os jornalistas aprendam a noticiar corretamente o que se passa na penumbra do judiciário. São novos tempos, os holofotes estão acesos, nem mesmo um apagão de ameaças vai fazer que as notícias sobre o Poder Judiciário tenham o formato da Voz do Brasil. O biombo caiu, é possível ver e divulgar o que se passa atrás dele.

Irany: É usual se identificar o período das oligarquias no Brasil com a primeira metade do século XX. Nesse período, as oligarquias cafeeiras dominavam o poder federal e se perpetuavam no governo até que foram derrubadas pela revolução de 1930, liderada por Getúlio Vargas. Uma gama de historiadores diz que foram as oligarquias dissidentes que derrubaram as oligarquias tradicionais. Em outras palavras, não é só o poder central que se organiza de forma oligárquica no Brasil. O exemplo mais visível é o dos esportes. Há um espelhamento do modelo da oligarquia política e mesmo uma mistura, uma vez que é comum o oligarca ter cargo político e ser presidente de um clube. O mais evidente é o futebol.

Wal: Sim, porque a CBF é uma associação de direito privado e, teoricamente, está a salvo de qualquer intervenção externa. Os conselheiros dos clubes, com direito a voto, se constituem na base da pirâmide oligárquica. Com pequenos favores, ou honrarias, trocam votos e elegem o presidente do clube. Este se assemelha ao coronel da República Velha. Tem um voto na eleição da federação de futebol, e aí engrossa a troca de reciprocidades. É o toma lá, dá cá. Os 27 presidentes se reúnem para eleger o chefão da Confederação. Essa estrutura é imutável, ou como dizia o ministro, imexível. Não se faz um movimento, não há rebeldia, nem rachas. Todos ganham e todos estão satisfeitos. Usam e abusam dos estádios públicos, segurança pública, anúncios de empresas públicas, isenções fiscais, calotes nos encargos sociais, e quando têm um projeto eleitoral recebem verbas públicas das quais não prestam contas nunca.

Lia: É um dos bons mundos existentes no Brasil e que muitos criticam até fazer parte dele. O desenho do futebol se repete nos demais esportes e em outras atividades da sociedade. É dessa forma que funcionam os sindicatos, federações, confederações, centrais sindicais, ordens, associações e outras formas de se apropriar do poder, seja ele federal, ou de uma única categoria. Não é só no futebol que cartola fica mais tempo no poder do que D. Pedro II. Isso vale para presidente de sindicato, de associação, de central, de ordens, conselhos, etc. No Congresso estão os representantes das oligarquias regionais e no Poder Judiciário a estrutura também é a mesma. São sempre os mesmos. Raramente há uma mudança provocada pela base. Ela não tem organização e por isso não democratiza as decisões. Rotatividade de comando é impensável. Votam os associados, ninguém mais. Isso consolida uma estrutura social rígida no Brasil, pouco permeável à população em geral, que apenas é chamada para ser plateia. Ou pagar as contribuições obrigatórias. No picadeiro, os eternos atores são os oligarcas ou qualquer outro nome que se queira dar para os poucos que realmente mandam e controlam o Estado nas mais diversas instâncias. Os palhaços lotam as arquibancadas, abobalhados.

Irany: O amor pela Terra Brasilis foi cantado em prosa e verso por várias gerações e chegou mesmo a ser rotulado de brega e démodé. Os brasileiros gostam mesmo de seu país? Têm do que se orgulhar? Constroem uma sociedade melhor para si e para as gerações futuras? Se depender de pendurar bandeiras, não. São raras as bandeiras do Brasil no dia a dia. São mais comuns em época de Copa do Mundo. Nos Estados Unidos, há bandeiras até em baixo das pontes onde moram mendigos. Nos guindastes de construções também. Museus, escolas, prédios públicos e até no metrô. Cada vagão tem uma. É um lembrete para nativos e visitantes: esta é nossa casa, respeitem. Os símbolos nacionais foram apropriados pelos governos militares e, por isso, a oposição democrática dava pouco espaço para eles. O hino nacional desapareceu das escolas e das capas dos cadernos.

Ari: Muitos brasileiros amam seu país, por isso preferem passar suas férias em Miami... Passou a ser o sonho de consumo da classe média e de quem pode pagar uma prestação de viagem. Gostam também de passear em Paris, Roma, Madri e, se for muito caro, dá pelo menos para ir a Buenos Aires. Voltam carregados de muambas, *gadgets*, bandeirinhas, *recuerdos*, camisetas de listras e estrelas, símbolos de outras culturas. Muitos brasileiros amam seu país, por isso mandam os filhos estudarem no exterior, de preferência em um país de língua inglesa, afinal, em tempos de globalização não se pode perder tempo.

Irany: Jovens buscam títulos acadêmicos em universidades mundialmente conhecidas. Empresários e administradores fazem MBA no exterior, e vivem lá, onde, geralmente, estão as matrizes das empresas. Muitos brasileiros amam seu país, por isso enchem os teatros da Broadway, de Picadilly Circus, do l'Opera. Inundam o Louvre, o Prado, o Metropolitan, o Vaticano, o British Museum, etc. Muitos mudaram para Miami, há imobiliárias com corretores que falam português. Vendem mansões em praias maravilhosas. O que acontece para que os brasileiros fujam de seu país? Por que sonham em morar em outras sociedades? Será que a corrupção de cima a baixo, os escândalos sucessivos, diários, que pululam na mídia, e envolvem políticos, sindicalistas, empreiteiras, traficantes de influência e empresários desonestos, desanimam alguns e por isso preferem mudar?

Ari: A autoestima nacional está muito baixa. São poucos os órgãos públicos que resistem a uma auditoria de suas contas. O acesso aos cargos de confiança é aberto apenas para apaniguados, cabos eleitorais, parentes próximos e distantes, namoradas e amantes, ou puxa sacos de todo tipo. Será que é isso que desanima a brasilidade, a sensação de que somos impotentes para mudar esse quadro e construir uma sociedade civil ética, honesta, respeitosa, solidária, humana e igualitária? Com a facilidade das comunicações, principalmente por causa das redes sociais, a maioria das pessoas pode fazer comparações como se vive aqui e como se vive em outros países. Como se comportam as pessoas lá e aqui. Como atuam os políticos de lá e aqui. Essa interatividade também reproduz como nunca as mazelas e insatisfações, e mobiliza as pessoas pela busca de um outro lugar para viver. Vi em Nova York e Londres comunidades de brasileiros, felizes, orgulhosos por compartilharem de uma sociedade que entendem melhor do que a nossa. Até quando?

Wal: O crescimento das receitas tributárias e os investimentos do governo em obras de infraestrutura puxadas por grandes eventos aumentam substancialmente as encomendas para as empreiteiras. Há bilhões sendo gastos e outros tantos planejados para investimentos futuros. Isso quer dizer que o poderoso cartel das construtoras não pode se queixar de falta de obras. Há obras em todo o Brasil, algumas mais concentradas em alguns estados. A necessidade de portos, pontes, ferrovias, estradas, aeroportos terminais de carga, de petróleo e a exploração do pré-sal faz do governo um agente econômico com uma força sem precedentes na história do Brasil. Ele é, sem dúvida, o motor do crescimento, algo semelhante ao que ocorreu nos Estados Unidos durante e depois da Guerra Civil. Um grupo voraz de empresários e executivos se lança na conquista desses contratos com uma fúria nunca antes vista na história deste país. Os detentores do poder executivo, de todos os níveis, se movimentam para que essas encomendas sejam efetivadas e as obras realizadas. Não medem esforços, atropelam leis, forjam condições obscuras visando um resultado que lhes renda notoriedade e votos. O Legislativo, Câmaras, Assembleias e Congresso ficam aparvalhados diante da rapidez desse movimento e, por má-fé, desviam a atenção para temas irrelevantes e bombásticos para distrair a mídia e o cidadão contribuinte.

Téo: Uma das funções básicas do Legislativo é fiscalizar o Executivo. Isso não acontece, porque o chefe do executivo forma bancadas de maioria que impedem qualquer ação, seja da oposição, seja de qualquer outra investigação. Dominam o poder com as tropas de choque do governo: nada passa, nada é investigado, permitido ou divulgado. Elas sentam sobre os pedidos e requerimentos e mantêm a sete chaves a gaveta onde dormem os documentos. O legislativo é um aliado poderoso. As normas de conduta são estabelecidas por uma camorra que dá a elas um aspecto legal através de maiorias arregimentadas a custo de benesses políticas e materiais.

Lia: Há uma perigosa desmoralização do poder, ruinosa para a democracia. Os representantes do povo perderam a vergonha, o norte, o compromisso, e estão lá para apoiar seus financiadores de campanha e enriquecer com o que sobra nos pratos do festim com o dinheiro público. A democracia brasileira aprendeu o que é uma blindagem, que quem tem maioria manda, que a minoria que se lixe e procure a mídia. Diante dessa tríade da corrupção, o Ministério Público e os Tribunais de Contas estaduais mantêm uma postura modorrenta e desinteressada. Uns são nomeados pelo chefe do executivo, outros estão preocupados com assuntos que elegeram ser mais urgentes.

Téo: Enquanto isso, a nossa "pátria, mãe gentil" vai sendo subtraída. Governadores são pilhados em jatinhos e helicópteros das empreiteiras, chafurdando em festas riquíssimas no exterior, e usando da imaginação para não permitir que as recompensas sejam flagradas por algum demônio da oposição, seja ele qual for. É um verdadeiro Baile da Ilha Fiscal; ao som das valsas bailam políticos, corruptos, corruptores, asseclas, contraventores, vigaristas de toda ordem, assessores, traficantes de influências, consultores de coisa nenhuma, palestrantes fantasmas e toda uma turma de aproveitadores. Os contratos milionários são a consequência de todo esse movimento. Uma leva deles, sem qualquer licitação, e quando a têm carregam aditivos que multiplicam seu valor. Ainda bem que existem os feriados, as festas, o Carnaval, a Semana Santa, o final do ano para que a população se distraia e os deixe em paz. A mídia está fazendo seu papel, dá todo dia um pontapé no biombo, ou blindagem, e mostra a bacanal dos que encontraram o caminho para encher seus cofres com o dinheiro do cidadão contribuinte.

Ari: Há anos que o movimento do desarmamento infantil se esforça por uma política pública de livrar as crianças das armas de brinquedo. E tem tido sucesso. No passado, era comum os presentes de aniversários com brinquedos imitando revólveres, facas, metralhadoras, espadas e outras armas. Aparentemente, eram brinquedos inofensivos e raramente machucavam alguém. Mas ajudavam a construir a mentalidade de um dia se possuir uma arma de verdade. Pais, professores, voluntários e entidades empenhadas no desarmamento se organizaram e conseguiram até mesmo a aprovação de um Dia Nacional do Desarmamento Infantil. É rara a venda desses brinquedos. Até as lojas de miniaturas tiraram as maquetes militares das vitrines.

Irany: Uma vez por ano as crianças são incentivadas a entregar suas armas de brinquedo. Nisso, foi inspirada a lei que incentiva os adultos a entregarem suas armas de fogo verdadeiras. Educar as crianças para que elas eduquem os pais. Há uma lei que proíbe a venda de brinquedos que sejam confundidos com armas de fogo verdadeiras. Há um movimento para que a venda de games violentos também seja proibida. Toda essa política tem o objetivo de diminuir a violência na sociedade.

Ari: Todavia, o lobby da indústria de armas vai em outra direção. Discorda dessas iniciativas, uma vez que produz um produto e precisa vender. Então, por que não começar com as crianças? Aquela indústria lançou na internet um gibi para ensinar as crianças, de um modo divertido, o que fazer se, eventualmente, encontrarem armas de fogo em casa. As armas de brinquedo podem e devem ser utilizadas como instrumento de aprendizagem da segurança, segundo a revistinha infantil. Para isso, criaram o robozinho Superlegal. O gibi é da Associação Nacional da Indústria de Armas e Munições. Atrás de uma historinha aparentemente inocente, educativa e para evitar acidentes, a indústria armeira faz o papel contrário das entidades que patrocinam o desarmamento infantil.

Wal: Existem limites físicos para o crescimento econômico. A afirmação é mais ou menos óbvia, mas, como muitas outras coisas também óbvias, nem sempre é devidamente considerada. Há algum tempo o crescimento da produção, do PIB, da indústria, do comércio ou da produção agrícola eram assuntos para especialistas e estavam confinados aos espaços menos nobres dos meios de comunicação. Hoje, muito mais gente acompanha o noticiário econômico e já identificou que o crescimento tem a ver com sua qualidade de vida e de emprego. Portanto, é preciso crescer, e crescer custe o que custar. As empresas têm que apresentar resultados sempre maiores a cada ano, sob pena de cabeças rolarem. O céu é o limite, ainda que o planeta tenha limites. Sem crescimento há crise, o capitalismo não perdoa, ou está em expansão ou em contração. Esta quer dizer desemprego, baixos salários, piora na oferta de novos produtos para serem consumidos, queda nos dividendos e no preço das ações na bolsa.

Lia: *Lovelock*, palavra inglesa, pode ser traduzida por "pega rapaz", ou aquela porção de cabelo que os homens deixavam na testa lá pelos séculos XVII e XVIII. Depois, foi ressuscitado na época do Bill Halley e seus Cometas. É também o sobrenome de um certo James, James Lovelock, um pesquisador que quer perturbar o paraíso do consumo no qual a sociedade atual está atolada. Segundo ele, o planeta é vivo, chama-se Gaia (ou Geia) e está de olho nos atentados que o consumismo selvagem está efetuando em suas reservas biológicas, minerais e líquidas. Lovelock diz que Gaia vai reagir, não de uma hora para outra, mas devagar e constantemente. Vai dar o troco, porque não suporta o desequilíbrio provocado pelo homem e sua sociedade de consumo. Gaia está doente, mas sabe como se curar. Para isso, reduz o número de habitantes com os métodos que conhece: secas, enchentes, temperaturas extremas, tufões, aumento das marés, circulação de ar venenoso. A ética de Gaia não é a ética do consumidor.

Irany: Tomara que Lovelock esteja errado. Oxalá a tecnologia que se desenvolve em velocidade de bits e bytes consiga resolver questões como o aquecimento global, a poluição, o esgotamento de recursos e outras distorções. São os otimistas, que acreditam que tudo se resolverá em um laboratório e todos os problemas gerados serão sanados. Há que se pensar em uma alternativa para o sistema econômico, provavelmente dentro das estruturas capitalistas, que contemple menos consumo, menos uso de matérias primas e água, com todas as consequências que isso possa trazer na lógica atual do sistema. A terceira via para esses extremos é a sustentabilidade, ainda que ela dependa da quebra de alguns paradigmas, o que pode incomodar muita gente.

HERÓDOTO: Quero agradecer a oportunidade de ouvir tantas propostas interessantes e podem ter certeza de que tomei um banho de cultura e história com vocês. Estou melhor agora do que em nossa primeira reunião que, confesso, não acreditava que iria em frente. Mas foi, e espero que tenha sido proveitosa também para vocês. Para encerrar, quero deixar um tema para meditação. Um amigo, advogado brilhante, líder de um dos maiores escritórios da cidade, certa vez me procurou e perguntou: "O que é a felicidade?" Respondi com um *koan*, uma pequena história budista que deixo com vocês:

Um homem caminhava em uma estrada sob um sol escaldante. Ela passava no meio de um trigal, onde apenas um leve vento dobrava as plantas. Nada acontecia de novo.

Até que em uma curva da estrada deu de cara com um tigre faminto. Pôs-se a correr desesperadamente. Ia ser alcançado.

Deparou-se com um grande abismo em sua frente e não teve dúvidas: entre o tigre e a altura resolveu esgueirar- -se vagarosamente pela borda. Conseguiu ficar longe da garra do tigre. Tentou continuar a descida, mas ao olhar no fundo do despenhadeiro viu uma toca. Na porta estava toda a família do tigre. Não podia descer, nem subir. Agarrou-se em uma velha raiz que saía da terra e ficou pendurado pensando no que faria.

Pouco depois, saem de um pequeno buraco ao lado da raiz dois ratos, um branco e um preto. Começaram a roer e comer a raiz que o mantinha vivo. Viu que ao lado da raiz havia um pé de morango silvestre. Ostentava um grande, belo e vermelho morango. Estava ao alcance de sua mão. Pegou, comeu e achou delicioso.

Portanto, felicidade é um morango!

Bibliografia

Livros de Heródoto Barbeiro relacionados aos temas abordados:

BARBEIRO, H. *Budismo.* São Paulo: Ed. Belaletra, 2014.
BARBEIRO, H. *CBN — Mundo corporativo.* São Paulo: Ed. Saraiva, 2009.
BARBEIRO, H. *Media training — Como usar a media a seu favor.* São Paulo: Ed. Saraiva, 2011.
BARBEIRO, H. *Crise e comunicação corporativa.* São Paulo: Ed. Globo, 2010.
BARBEIRO, H. *Falar para liderar.* 7A edição. São Paulo: Ed. Saraiva,2012.
BARBEIRO, H. *O que a vida me ensinou.* São Paulo: Ed. Saraiva, 2012.
BARBEIRO, H. *Por dentro do mundo corporativo.* São Paulo: Ed. Saraiva, 2010.
BARBEIRO, H. *Você na telinha — Como usar a mídia a seu favor.* São Paulo: Ed. Saraiva, 2004.
BARBEIRO, H.; CANTELE, B. R; SCHNEEBERGER, C.A. *História — De olho no mundo do trabalho.* São Paulo: Ed. Scipione, 2005.
BARBEIRO, H.; CONY, C.H.; XEXEO, A. *Liberdade de expressão.* 2ª edição. São Paulo: Ed. Saraiva, 2008.
BARBEIRO, H.; CONY, C.H.; XEXEO, A. *Liberdade de expressão 2.* São Paulo: Ed. Saraiva, 2009.
BARBEIRO, H.; PERES, M. *Sócrates, Platão e cia.* São Paulo: Ed. Idea, 2010.
BARBEIRO, H.; RODOLFO, P. *Manual de jornalismo.* Rio de Janeiro: Ed. Elsevier, 2013.
BARBEIRO, H.; SANTIAGO, J.R. *Buscando o equilíbrio.* São Paulo: Ed. Novatec, 2011.
BARBEIRO, H.; SANTIAGO, J.R. *Crise e comunicação corporativa.* São Paulo: Ed. Globo, 2010.

Índice

A

Abraham Lincoln, 19
Abreu Dallari, 205
Abu Bakr, 61
Adolf Hitler, 70
África, 67
Ágora, rede social, 32
Águas, 52
ANAC, 31
Antônio Carlos Magalhães, 42
Anvisa, 61
Apelos sensoriais, 21
Argentina, 45
Armas, 61
Aviação, 31

B

Bastilha, França, 24
BNDES, 178
Boko Haram, 68
Burguesia, 134

C

CADE, 151
Califa, 67
Carlos Guilherme Mota, historiador, 60
Carta das Nações Unidas, 46
Carta Magna, 29
CBN, 5
China, 53
Chris Anderson, 148
Cid Barbosa, 188
Cidade Alerta, TV Record, 79
Circuncisão feminina, 100
CNA, 243
CNJ, 277
Código Florestal, 210
COI, 81, 92
Coliseu, 128
Congresso Nacional, custos, 44
Constituição, 30
CPI, 8
Crimeia, 45
Crimes, 266
Cristianismo, 71

D

Der Spiegel, 152
Dom João, 73
Downsizing, 147
Dragão da Maldade, 124

Drogas, 153
Duque de Caxias, 17

E

EBTIDA, 5
EBX, 179
Economist, revista, 8
Eduardo Gomes, 41
Eike Batista, 179
El Rey, 69
Embrapa, 243
Energia, 196
Ética, 102
Eurico Dutra, 41
Exxon, 90

F

FABTUR, 55
Falklands, 45
FIB, 157
FIESP, 243
FIFA, 50, 81
Floriano Peixoto, 185
Fundo de Garantia, 150

G

Gabriel Garcia Márquez, 43
Gallup, instituto, 12
Gandhi, 33
Gaviões da Fiel, 188

GE, 22
Getúlio Vargas, 89
Gillette, 130
Grupos terroristas, 67
Guerra da Secessão, 19
Guerra Fria, 46

H

Huang TI, 93

I

Igreja Católica, 46
Ilhas Malvinas, 45
Impostos, 107
Iraque, invasão, 173

J

Jack Welch, 22
Jader Barbalho, 208
Jang Song-thaek, 53
Jânio Qaudros, 12
Jevons, 131
João Goulart, 93
John Coates, 81
Jornais, 125
   Excelsior, 189
   Record, 168
   Senado, 98
   Jornalistas, 111
José Augusto Minarelli, XX
José Mujica, 153

K

Karl Marx, 76
Kosovo, 70

L

Laissez-faire, 133
Lead, 43
Lebensraum, 70
Lei da Ficha Limpa, 207
Louis Pasteur, 10
Luis Antonio Fleury, 189
Luis XIV, 24

M

Maconha, 153
Macunaíma, 103
Mahatma, 28
Malala, 99
Mandela, 28
Manifestações, 78
Maquiavel, 218
Marco Aurélio Melo, 36
Marechal Deodoro, 17
Mario Sergio Cortella, XV
Mensalão, 109
Mesopotâmia, região, 46
Millôr Fernandes, 42
MMA, 128
Monteiro Lobato, 89

Mundo Corporativo, programa, 5
Muralha da China, 94

N

Napoleão Bonaparte, 11
Nazistas, 187, 20
Nelson Mandela, 183
Nelson Rodrigues, 21
New York Times, 169
NSA, 168

O

O Amigo do Povo, jornal, 74
ONU, 27
OPEP, 195
Osama Bin Laden, 172
Oscar Wilde, 101
Otton Bismarck, 10
Ouro, 60

P

Partido Republicano, 112
Pasadena, 150
PCC, 266
Pearl Harbour, 171
PECs, 30
Petrobrás, 150
Petróleo, 90
PIB, 157

Planos de pensão, 152
PM, 176
PMDB, 113
Política, 112
Politik, 46
Poluição, 104, 132
Porto dos Casais, 69
PR, partido, 112
Prisões, 175
Privatização, aeroportos, 90
Puxadores de votos, 120
Pyongyang, 54

R

Redes Sociais, 106
Reforma política, 180
Ricardo Teixeira, Fifa, 82
Robert Walsh, 59
Roda Viva, programa de TV, 83
Rosa Luxemburgo, 222
Roubos e crimes, 175

S

Sans culotes, 49
Santo Guerreiro, 124
Segunda Guerra Mundial, 186
Sistema feudal, 47
Standard Oil Company, 90

T

Talibãs, 71
TAM, acidente, 31
TCU, 73
Telecatch, 127
Terrorismo, 67
Tiririca, deputado, 180
TV Record, 79

U

UDN, 41
Uthisha, 27
Uti possidetis, 69

V

Vandalismo, 110
Violência, 78
Volkswagen, 129, 149
Voto, 104

W

Will Durant, 76
World trade Center, 173

Y

Yuri Gagarin, 7